KÖNIGS ERLÄUTERUNGEN SPEZIAL

Textanalyse und Interpretation zu

Delphine de Vigan

NO & ICH

Sabine Hasenbach

Alle erforderlichen Infos zur Analyse

Zitierte Ausgabe:
Vigan de, Delphine: *No & ich*. München: Knaur Taschenbuch, 2010.

Über die Autorin dieser Erläuterung:
Sabine Hasenbach hat Mineralogie (mit den Nebenfächern Mathematik, Physik
und Chemie) an den Universitäten Köln und Bonn sowie Literaturwissenschaft
(mit den Nebenfächern Psychologie und Soziologie) an der FernUniversität
in Hagen studiert, wo sie mit einer Arbeit über Katherine Mansfield graduiert
worden ist. Sie wohnt in Düsseldorf und arbeitet an der dortigen Heinrich-Heine-
Universität. In ihrer Freizeit läuft sie Langstrecke.

1. Auflage 2019
ISBN: 978-3-8044-3139-3
PDF: 978-3-8044-5139-1, EPUB: 978-3-8044-4139-2
© 2019 by Bange Verlag GmbH, 96142 Hollfeld
Alle Rechte vorbehalten!
Titelabbildung: picture alliance / ZB
Druck und Weiterverarbeitung: Tiskárna Akcent, Vimperk

1. DAS WICHTIGSTE AUF EINEN BLICK – SCHNELLÜBERSICHT

Damit sich jeder Leser in unserem Band rasch zurechtfindet und das für ihn Interessante gleich entdeckt, hier eine Übersicht.

Im 2. Kapitel beschreiben wir das Leben von Delphine de Vigan und stellen den **zeitgeschichtlichen Hintergrund** dar:

S. 9 → Die französische Schriftstellerin Delphine de Vigan wurde am 1. März 1966 in Paris geboren.

S. 11 → *No et moi* erschien **2007** in Frankreich, 2009 wurde die deutsche Übersetzung mit dem Titel *No & ich* publiziert. Der Roman ist der **Jugendliteratur** zuzuordnen. Zeitgeschichtlicher Hintergrund ist **Frankreich unter der Ägide von Jacques Chirac**.

Im 3. Kapitel bieten wir eine **Textanalyse und -interpretation**.

No & ich – Entstehung und Quellen:

S. 18 → Delphine de Vigan führte Gespräche mit obdachlosen Frauen und las über Armut. Dazu sammelte sie Erfahrungsberichte von Familienmitgliedern, die in sozialen Berufen tätig sind.
→ 2007: Publikation des Romans *No et moi* bei J. C. Lattès, Paris.
→ 2009: Publikation der deutschen Ausgabe *No & ich* durch die Münchner Verlagsgruppe Droemer Knaur.

Inhalt:

S. 21 Die 13-jährige Lou Bertignac lernt die 18-jährige Obdachlose Nolwenn Pivet, genannt No, kennen. Lou bringt No dazu, ihr für ein Referat ihr Leben zu erzählen. Lou ist entsetzt über Nos elendes Leben und will sie von der Straße holen. Sie erreicht, dass ihre Eltern

No aufnehmen, und tatsächlich scheint eine Wiedereingliederung Nos in die Gesellschaft zu gelingen. Die abermalige Zurückweisung Nos durch ihre sie hassende Mutter und Nos Alkohol- und Medikamentensucht lassen den Versuch jedoch scheitern.

Chronologie und Schauplätze:

Die Handlung des Romans umfasst den Herbst eines nicht genannten Jahres bis zum Frühjahr des Folgejahres. Die Handlung wird anachronisch erzählt. Schauplatz ist überwiegend Paris. ⇨ S. 64

Personenkonstellation und Charakteristiken:

Lou Bertignac ⇨ S. 69
→ hochbegabt und einsam, möchte die Welt verbessern
→ macht eine grundlegende Erfahrung

Nolwenn Pivet (No) ⇨ S. 73
→ obdachlos, wird von den Bertignacs aufgenommen
→ scheitert an sich selbst

Lucas Muller ⇨ S. 77
→ Mitschüler von Lou und in sie verliebt
→ lebt allein, ist auf sich selbst gestellt

Anouk Bertignac ⇨ S. 80
→ Mutter Lous, depressiv
→ findet durch No ins Leben zurück

Bernard Bertignac ⇨ S. 83
→ Lous Vater
→ hält die Familie zusammen

⇨ S. 86   Wir stellen die Hauptfiguren ausführlich vor. Auch auf die **Nebenfiguren**, die für das Verständnis des Romans von Bedeutung sind, wird eingegangen.

Stil und Sprache:

⇨ S. 96   De Vigan arbeitet mit
- → einer individuell geprägten Figurensprache
- → personalem Erzählverhalten
- → Motivwiederholungen mit verknüpfender Funktion

Interpretationsansätze:

⇨ S. 109   → *No & ich* als ein Roman über Verluste und ihre Folgen
⇨ S. 113   → *No & ich* als Entwicklungsroman

2. DELPHINE DE VIGAN: LEBEN UND WERK

2.1 Biografie

Delphine de Vigan
(*1966)
© picture-alliance /
lapresse

JAHR	ORT	EREIGNIS	ALTER
1966	Boulogne-Billancourt (bei Paris), Frankreich	Delphine de Vigan wird am 1. März als älteste von zwei Mädchen geboren. Nach der frühen Scheidung der Eltern bleiben die Kinder bei der Mutter, die psychisch erkrankt.	
1980	Paris	Umzug zum Vater. Später absolviert Delphine de Vigan eine journalistische Ausbildung an der CELSA (Sorbonne) und arbeitet schließlich für ein Meinungsbildungsinstitut. Nachts verfasst sie erste Texte.	14
2001	Paris	Publikation ihres Romanerstlings *Jours sans Faim* unter dem Pseudonym Lou Delvig.	35
2005	Paris	Die Romane *Les jolis garçons* und *Un soir de décembre* erscheinen. Für *Un soir de décembre* erhält de Vigan den Literaturpreis *Saint-Valentin*.	39
2007	Paris	***No et moi* erscheint.** Mit diesem Roman gelingt de Vigan der schriftstellerische Durchbruch.	41
2008	Paris	Publikation von *Sous le manteau*. **De Vigan wird für *No et moi* mit dem *Prix des Libraires* und dem *Prix Rotary International* ausgezeichnet.** Ihre Mutter begeht Selbstmord.	42
2009	München / Paris	***No et moi* erscheint als *No & ich* in deut-scher Übersetzung** (Doris Heinemann). Der Roman *Les Heures souterraines* erscheint und wird für den *Prix Goncourt* nominiert.	43

2.1 Biografie

JAHR	ORT	EREIGNIS	ALTER
2010	München	*Les Heures souterraines* erscheint als *Ich hatte vergessen, dass ich verwundbar bin* in deutscher Übersetzung.	44
	Paris	**Verfilmung von *No et moi*.**	
2011–2013	Paris	Der Roman *Rien ne s'oppose à la nuit* wird publiziert. Zwei Jahre später erscheint er unter dem Titel *Das Lächeln meiner Mutter* in deutscher Übersetzung.	45–47
2015	Paris	Publikation von *D'après une histoire vraie*. De Vigan erhält dafür den *Prix Renaudot* und wird mit dem *Prix Goncourt des Lycéens* ausgezeichnet.	49
2016	Köln	Publikation von *Nach einer wahren Geschichte* als deutsche Übersetzung von *D'après une histoire vraie*.	50
2017	Köln	*Jours sans Faim* erscheint in deutscher Übersetzung unter dem Titel *Tage ohne Hunger*.	51
2019	Paris	*Les gratitudes* wird veröffentlicht. Delphine de Vigan hat zwei Kinder und lebt in Paris.	53

2.2 Zeitgeschichtlicher Hintergrund

2.2 Zeitgeschichtlicher Hintergrund

**ZUSAMMEN-
FASSUNG**

Zeitgeschichtlicher Hintergrund des Romans *No & ich* ist das Frankreich unter Jacques Chirac mit rigider Sparpolitik und weitreichenden Folgen für die sozialen Verhältnisse im Land.

Frankreich unter Jacques Chirac

No et moi wurde 2007 veröffentlicht, Recherche und Publikation des Romans fallen in die Regierungszeit des französischen Staatspräsidenten Jacques Chirac (* 1932).

Chirac war von 1995 bis 2007 französischer Staatspräsident. In dieser Zeit wurde der **Euro als Währung** eingeführt (2002), was weitreichende Folgen für die Finanz- und Sozialpolitik Frankreichs hatte. Die Währungsumstellung war verbunden mit im **Vertrag von Maastricht** 1992 festgelegten Stabilitätskriterien. Um diese Stabilitätskriterien einzuhalten, setzte Chirac auf einen strikten Sparkurs, der **Folgen für die Sozialpolitik** hatte. Zwar schwadronierte Chirac anlässlich des informellen Gipfeltreffens der europäischen Staats- und Regierungschefs im britischen Hampton Court 2005 über Vollbeschäftigung und lobte das französische Sozialmodell, doch die soziale Wirklichkeit war (und ist) eine andere:

Restriktive
Sparpolitik

„Die Realität des französischen Sozialmodells, das ist der Abbau von 100.000 Krankenhausbetten in den letzten Jahren, die völlig misslungene Integration der Einwandererkinder aus Nord- und Schwarzafrika in den letzten zwei Jahrzehnten, ein öffentliches Schulsystem, aus dem die Jugendlichen massenhaft an Privatschulen fliehen, oder Gefängnisse in einem Zustand, der nur

Desaströse
Sozialpolitik

2.2 Zeitgeschichtlicher Hintergrund

noch in Moldawien schlimmer ist – wie jüngst der Menschenrechtskommissar der Europarates Gil Robles konstatierte."[1]

Zunehmende Obdachlosigkeit

Der französische Polit-Journalist Christoph Barbier bezeichnete den Zustand der Staatsfinanzen als „katastrophal".[2] Sind die Staatsfinanzen desolat, wird in Sozialpolitik kaum investiert. Entsprechend verheerend waren die **Folgen für arme Menschen**, so heißt es in einem Artikel der *Stuttgarter Nachrichten* aus dem Jahr 2014:

> „Die Zahl der Menschen ohne Obdach steigt in Frankreich, der zweitgrößten Volkswirtschaft der EU, seit Jahren kontinuierlich an: Dem nationalen Statistikamt Insee zufolge verdoppelte sie sich zwischen 2001 und 2011 auf 130 000, davon 30 000 Kinder."[3]

No & ich

Auf diese prekäre Entwicklung verweist de Vigan im Roman, indem sie Lous Klassenlehrer **Monsieur Marin** Folgendes sagen lässt:

> „Schätzungen zufolge gibt es in Frankreich zwischen 200.000 und 300.000 Personen ohne festen Wohnsitz, 40 Prozent von ihnen sind Frauen, die Zahl nimmt stetig zu. Und bei den Obdachlosen zwischen 16 und 18 Jahren beträgt der Frauenanteil sogar 70 Prozent." (S. 31)

1 https://www.deutschlandfunk.de/franzoesische-sozialpolitik-zwischen-anspruch-und.795.de.html?dram:article_id=115982
2 Ebd.
3 https://www.stuttgarter-nachrichten.de/inhalt.obdachlose-in-frankreich-teufelskreis-der-armut.b34b64ee-d19b-43b5-84ec-7d58463f50f5.html

2.2 Zeitgeschichtlicher Hintergrund

Jugendliteratur zum Thema Obdachlosigkeit

→ *Asphalt Tribe* von Morton Rhue (2004, Originaltitel: *Can't Get There From Here*): ein Buch über Straßenkinder in New York. Es erzählt von obdachlosen Jugendlichen, die einen gnadenlosen Existenzkampf führen. Der Roman wurde auf die Auswahlliste für den Deutschen Jugendliteraturpreis 2005 aufgenommen.

→ *No & ich* von Delphine de Vigan (2007).

→ *No Place, no Home* von Morton Rhue (2013): Die Eltern des Protagonisten Dan haben als Folge der amerikanischen Immobilienkrise von 2006 ihr Haus verloren und müssen in eine Zeltstadt ziehen. Zunächst fühlt sich Dan angesichts seiner wohlsituierten Freunde minderwertig, doch er macht ermutigende Erfahrungen, an denen er wächst.

→ *Hoffnung* von Åsa Anderberg Strollo (2013): Die im schwedischen Kolsva lebende 16-jährige Joanna hat das Leben mit ihrer verantwortungslosen Mutter satt und geht nach Stockholm, wo sie sich Arbeit und eine Wohnung suchen will. Ihre Pläne scheitern und Joanna landet auf der Straße. Sie lernt die ebenfalls obdachlose Alex kennen, die sich zunächst um sie kümmert, sie dann jedoch in die Kriminalität zieht.

→ *Subway Sound* von Katrin Bongard (2013): Der Roman spielt in Berlin und handelt von der 14-jährigen, in gesicherten Verhältnissen lebenden Livia. Sie verliebt sich in den 17-jährigen obdachlosen Punker Tim, verleugnet ihn aber vor ihren wohl-

2.2 Zeitgeschichtlicher Hintergrund

standsverwöhnten Freundinnen. Tim bringt sie daraufhin dazu, für eine gewisse Zeit mit ihm auf der Straße zu leben.

Thematisiert wird die Obdachlosigkeit junger Menschen und die damit verbundene soziale Verrohung und tiefe Einsamkeit.

2.3 Angaben und Erläuterungen zu wesentlichen Werken

ZUSAMMEN-FASSUNG

Die Romane Delphine de Vigans stehen für einen klaren und ungeschönten Blick auf soziale Realitäten und damit verbundene Schicksale. Dabei können sie als soziologische Studien[4] gelesen werden oder als quasi-autobiografische Romane.

No & ich (Original: *No et moi*, 2007), 2009 in deutscher Übersetzung erschienen, ist Delphine de Vigans vierte Romanveröffentlichung. Mit ihm schaffte sie den schriftstellerischen Durchbruch. Thematisiert werden vollkommen unterschiedliche Lebenswelten einer 13-Jährigen aus bürgerlichem Haus und einer 18-jährigen Obdachlosen. Nicht zuletzt ist dieser Roman **eine soziologische Studie über das soziale Phänomen der Obdachlosigkeit in einer Industrienation**. Für die ungeschönte Darstellung eines Frankreichs fern der selbsternannten *Grande Nation* wurde de Vigan 2008 mit dem *Prix des Libraires* und dem *Prix Rotary International* ausgezeichnet, womit sie sich der literarischen Welt empfahl. 2010 wurde der Roman verfilmt (vgl. Kapitel 4. Rezeption, S. 117).

No & ich: Obdachlosigkeit von Jugendlichen

2010 erschien *Ich hatte vergessen, dass ich verwundbar bin* (Original: *Les Heures souterraines*, 2009). In diesem Roman erzählt de Vigan von einer Frau, die sich mit einer Extremsituation konfrontiert sieht: Die Protagonistin Mathilde, alleinerziehende Mutter dreier Söhne und Angestellte in der Marketingabteilung eines Pariser Konzerns, verhält sich in einer wichtigen Sitzung ihrem Vorgesetz-

Ich hatte vergessen, dass ich verwundbar bin: Mobbing, geplatzte Lebensträume

---

4 Soziologie: Wissenschaft vom Zusammenleben der Menschen in einer Gemeinschaft oder Gesellschaft.

2.3 Angaben und Erläuterungen zu wesentlichen Werken

ten gegenüber illoyal. Der beginnt sie daraufhin auf perfide Art zu isolieren. Darauf reagiert Mathilde mit einer gefährlichen Depression. Parallel zu diesem Handlungsstrang erzählt de Vigan von dem Arzt Thibault, der sich endlich von seiner Freundin Lila trennt, von der er weiß, dass sie ihn nicht liebt. Zudem fragt er sich, welche seiner Träume er hat verwirklichen können oder ob ihm nichts als seine Arbeit geblieben sei. Dieser Roman handelt nicht nur von Menschen in einer schwierigen Situation, sondern liefert auch **ein Porträt der Pariser Arbeitswelt**.

Das Lächeln meiner Mutter: Suizid

2013 erscheint der Roman *Das Lächeln meiner Mutter* (Original: *Rien ne s'oppose à la nuit*, 2011). Darin erzählt de Vigan vom Leben mit ihrer psychisch kranken Mutter und deren Selbstmord. Der Roman ist **teilweise autobiografisch**.

2016 folgt die Publikation von *Nach einer wahren Geschichte* (Original: *D'après une histoire vraie*, 2015). In diesem Roman spielt de Vigan mit autobiografisch-realen und fiktiven Elementen. Die Protagonistin ist Schriftstellerin und heißt interessanterweise Delphine de Vigan. Mit ihrem Roman *Das Lächeln meiner Mutter* war sie sehr erfolgreich und nun wollen die Leser wissen, wie authentisch die Geschichte über ihre Mutter ist. Außerdem erhält die Schriftstellerin anonyme Drohbriefe. All dies lässt sie beinahe zerbrechen. Auf einer Party lernt sie die Ghostwriterin L. kennen. Zwischen den Frauen entwickelt sich eine tiefe Freundschaft **und langsam übernimmt L. die Kontrolle über das Leben der Schriftstellerin**. De Vigan wurde für den Roman mit dem *Prix Renaudot* und dem *Prix Goncourt des Lycéens* ausgezeichnet. Außerdem wurde er von dem renommierten Regisseur Roman Polanski verfilmt und kam im Mai 2018 in die deutschen Kinos.

Nach einer wahren Geschichte: Kontrollverlust

Tage ohne Hunger: Magersucht

2017 erschien der Roman *Tage ohne Hunger* (Original: *Jours sans Faim*, 2001), de Vigans Erstling, in Frankreich 2001 noch unter dem **Pseudonym Lou Delvig** veröffentlicht. In diesem Roman themati-

2.3   Angaben und Erläuterungen zu wesentlichen Werken

siert de Vigan Magersucht. Die 19-jährige Laure leidet an dieser Krankheit und beschließt, in eine Klinik zu gehen. Dort wird sie über einen Zeitraum von drei Monaten mit einer Magensonde ernährt, was ihren körperlichen Zustand zwar erheblich bessert, nicht aber ihren seelischen. Laure fürchtet den Zeitpunkt ihrer Entlassung aus der Klinik. Sie fasst langsam Vertrauen zu einem einfühlsamen Arzt und rettet so ihr Leben. Wie schon *Das Lächeln meiner Mutter* enthält auch *Tage ohne Hunger* autobiografische Elemente, so verlor Laure wie Delphine de Vigan ihre Mutter durch Suizid und wie Laure **litt de Vigan an Anorexie**.

> „De Vigan beansprucht für sich selbst, der Gesellschaft einen Spiegel vorzuhalten. Sie möchte der Jugend eine Stimme geben und deren aktuelle Herausforderungen herausarbeiten."[5]

DIE ROMANE DELPHINE DE VIGANS

Soziologische Studien	→	2009 *No & ich*
	→	2010 *Ich hatte vergessen, dass ich verwundbar bin*
Romane mit autobio-grafischen Details	→	2013 *Das Lächeln meiner Mutter*
	→	2016 *Nach einer wahren Geschichte*
	→	2017 *Tage ohne Hunger*

Die Jahreszahlen beziehen sich auf die Veröffentlichung in deutscher Sprache.

---

5   http://litlog.uni-goettingen.de/verschraenkte-loyalitaeten/

3. TEXTANALYSE UND -INTERPRETATION

3.1 Entstehung und Quellen

ZUSAMMEN-
FASSUNG

Delphine de Vigan verfasste *No & ich* aus Interesse am Phänomen der Obdachlosigkeit, besonders der junger Frauen. Sie sprach mit weiblichen Obdachlosen in prekären Lebensbedingungen und hörte sich in die Jugendsprache ein, um im Roman deren Ton zu treffen.

→ 2007: Veröffentlichung des Romans unter dem Titel *No et moi* bei J. C. Lattès, Paris.

→ 2009: Veröffentlichung der deutschen Übersetzung unter dem Titel *No & ich* bei Droemer Knaur, München.

→ 2010: Veröffentlichung als Taschenbuch.

In einem Interview äußerte sich **Delphine de Vigan zur Entstehungsgeschichte** von *No & ich* wie folgt:

„Mein ursprüngliches Projekt war vor allem, eine Geschichte zu erzählen, Figuren und Gefühle zum Leben zu erwecken."[6]

Interesse an obdachlosen Mädchen

„Am Anfang wollte ich über die Jugendlichen schreiben, die auf der Straße leben, vor allem über die jungen Frauen. Und so hat sich die Figur von No herauskristallisiert. Schnell bin ich auf die Idee gekommen, die Geschichte aus der Perspektive einer anderen jungen Frau zu erzählen, die aus einem ganz anderen sozialen Umfeld kommen würde, und so wurde Lou geboren."[7]

---

6   https://www.droemer-knaur.de/magazin/Delphine+de+Vigan+im+Interview.2121780.html
7   Ebd.

3.1 Entstehung und Quellen

Die Figur der Lou konzipierte de Vigan als die eines einsamen jungen Mädchens, das sich wegen seiner Begabung und seiner familiären Situation ausgeschlossen fühlt und zugleich sehr fantasievoll ist. **Das Modell der Lou ist Delphine de Vigan selbst** und der Name wurde von der Autorin bewusst gewählt:

Autorin als Modell

„Bei Lou habe ich mich von meinen eigenen Kindheitserinnerungen inspirieren lassen, ohne es wirklich zu merken. Wie sie habe ich Klassen übersprungen, war sehr schüchtern und etwas traurig, aber dennoch auch voller Fantasie. […] Lous Vorname ist eine Anspielung auf mein erstes Buch, ein sehr autobiographischer Roman, den ich unter dem Pseudonym Lou Delvig[8] veröffentlicht habe. Es war auch ein Entwicklungsroman über die Brüche im Leben. So habe ich eine Art unsichtbaren Faden zwischen den zwei Romanen gezogen."[9]

Der Name No ist ebenfalls bewusst von de Vigan gewählt. Er symbolisiert die **Ablehnung durch die Mutter**, die Nos Kindheit prägt und die in der Zurückweisung der 18-Jährigen ihren traurigen und folgenreichen Höhepunkt erfährt (vgl. S. 167 f.).

No!

Information über Obdachlosigkeit bezog de Vigan auch von Familienangehörigen, die in Sozialberufen arbeiten. Außerdem las sie Bücher und **Berichte über Armut in Frankreich und traf obdachlose Frauen**, die allerdings älter waren als die Romanfigur No. Um den Ton der jungen Menschen zu treffen, hörte sich de Vigan in die Jugendsprache ein. Schließlich fügte de Vigan alle Studien, Recherchen und Eindrücke zusammen: „Und dann kam die Arbeit

Recherche und Gespräche

---

8   Es handelt sich um den Roman *Tage ohne Hunger*.
9   https://www.droemer-knaur.de/magazin/Delphine+de+Vigan+im+Interview.2121780.html

3.1 Entstehung und Quellen

des Schriftstellers, der einen roten Faden zieht und ihn zu Ende führt."[10]

Erstveröffent-
lichung 2007

2006 begann Delphine de Vigan mit der Arbeit an diesem Roman[11], der am 22. August 2007 unter dem Titel *No et moi* im Pariser Verlag J. C. Lattès erschien. In Deutschland wurde er in der Übersetzung von Doris Heinemann erstmals 2009 unter dem Titel *No & ich* von der Münchner Verlagsgruppe Droemer Knaur publiziert. 2010 folgte die Taschenbuchausgabe.

---

10 Ebd.
11 Vgl. S. 251: Mai 2006–März 2007.

3.2 Inhaltsangabe

ZUSAMMEN-
FASSUNG

Die 13-jährige, sehr intelligente Lou Bertignac fühlt sich in ihrer Klasse als Außenseiterin und leidet zu Hause unter der Depression ihrer Mutter Anouk, die den Tod von Lous Schwester Thaïs nicht überwinden kann. Ihren älteren Mitschüler Lucas Muller himmelt Lou an und auch er scheint ihre Gefühle zu erwidern.

Schließlich soll Lou in der Schule ein Referat über Obdachlose halten und will dafür die 18-jährige Nolwenn Pivet, No genannt, interviewen, die sie am Gare d'Austerlitz kennengelernt hatte. Die beiden gegensätzlichen Mädchen treffen sich und No erzählt vom Leben auf der Straße, von Einsamkeit, Kälte und Gewalt: Sie selbst wurde durch eine Vergewaltigung gezeugt und von ihrer Mutter Suzanne abgelehnt. So lebte No bei den Großeltern, dann in einer Pflegefamilie, schließlich in einem Erziehungsheim und landete dann auf der Straße. Lou ist erschüttert und will No helfen: Lou bittet ihre Eltern, No aufzunehmen – und diese lassen sich tatsächlich darauf ein. In der Folge erholt sich No von dem Leben auf der Straße und öffnet sich ein wenig. Mit Lous Mutter führt sie lange Gespräche und langsam findet Anouk Bertignac ins Leben zurück. Lou und No besuchen nun häufig Lucas, der alleingelassen in einer großen Wohnung lebt. No findet schließlich Arbeit als Zimmermädchen, wo sie allerdings von ihrem Chef ausgebeutet wird.

3.2   Inhaltsangabe

Eines Tages besuchen No und Lou Nos Mutter Suzanne, die zu Hause ist, jedoch die Tür nicht öffnet. No erleidet daraufhin einen Zusammenbruch.

Als die Bertignacs für einige Tage verreisen, finden sie nach ihrer Rückkehr in Nos Zimmer leere Alkoholflaschen und Medikamentenpackungen. Danach ist alles anders: No soll in eine Suchtklinik, flieht daraufhin zu Lucas, der sich zusammen mit Lou heimlich um sie kümmern will. No beginnt Geld zu sparen, angeblich, um zu ihrem Freund Loïc nach Irland zu reisen. Nos Zustand wird zunehmend schlechter, Lucas und Lou kommen an ihre Grenzen. Schließlich findet Bernard Bertignac heraus, dass No bei Lucas lebt. No taucht zusammen mit Lou unter und will zu ihrem Freund nach Irland reisen. Einen Tag lang streifen No und Lou gemeinsam durch Paris und verbringen die Nacht in einer schäbigen Absteige. Am nächsten Tag warten sie am Bahnhof auf den Zug nach Cherbourg, als No unbemerkt von Lou verschwindet und nicht mehr auftaucht. Lou kehrt nach Hause zurück, wo sie von ihrer Mutter, die furchtbare Angst um sie hatte, in die Arme geschlossen wird.

Später werden Lou und Lucas ein Paar. Von No hören sie nichts mehr. Von Lous Freundin Geneviève erfahren sie, dass sich Nos Freund Loïc aus Irland nie bei No gemeldet hat.

3.2 Inhaltsangabe

Lou Bertignac wird im Unterricht von ihrem Lehrer Monsieur Marin darauf aufmerksam gemacht, dass ihr Name auf der Referatsliste noch fehlt. Lou hat große Angst, vor der Klasse – ihre Mitschüler sind alle älter – sprechen zu müssen. Angesichts des wartenden Lehrers und der sie anschauenden Klassenkameraden sagt sie, dass sie über Obdachlosigkeit (S. 9) referieren möchte. Monsieur Marin ist das zu allgemein und er bittet seine Schülerin, ihr Projekt zu präzisieren. Lucas lächelt Lou an und sie interpretiert das als Ermutigung und erklärt ihrem Lehrer, dass sie das Leben einer jungen obdachlosen Frau beschreiben wird, die sie am Tag zuvor getroffen hat und die sie interviewen wird. Monsieur Marin trägt Lou in die Referatsliste ein und legt den 10. Dezember als Referatstermin fest. Am Ende der Stunde bittet Monsieur Marin sie, bei ihrem Interview auf sich aufzupassen, und schlägt ihr vor, sich von ihrer Mutter oder ihrem Vater begleiten zu lassen.

> Lou Bertignac soll ein Referat über eine obdachlose Frau halten

Lou hätte ihm gerne gesagt, dass ihre Mutter seit Jahren die Wohnung nicht mehr verlässt und dass ihr Vater heimlich im Badezimmer weint.

> Anouk Bertignac hat Depressionen

Regelmäßig besucht Lou den Gare d'Austerlitz und beobachtet am Bahnhof interessiert die fremden Menschen. Unvermittelt klopfte ihr dort am Vortag jemand auf die Schulter: Lou dreht sich um und sieht sich einer jungen, abgerissenen Frau gegenüber, die sie in schnoddrigem Ton nach einer Zigarette fragt. Lou raucht nicht und bietet der jungen Frau stattdessen Pfefferminz-Kaugummis an. Die junge Frau nimmt sie und stellt sich als No vor. Lou nennt ihrerseits ihren Namen, Lou Bertignac, und setzt dabei auf den Prominenteneffekt, weil ein berühmter Sänger den gleichen Nachnamen trägt. No allerdings ist vollkommen unbeeindruckt und schnorrt bei einem Zeitungsleser eine Zigarette. Dann wendet sie sich wieder Lou zu, beginnt ein Gespräch mit ihr und bittet sie um Geld. Lou gibt No

> Lou lernt No kennen

3.2   Inhaltsangabe

sämtliche Münzen, die sie in ihrer Hosentasche findet. No nimmt sie, zählt sie und fragt Lou, in welche Klasse sie gehe. Lou erzählt ihr, dass sie in die zehnte Klasse geht, nachdem sie die erste und die vierte Klassen übersprungen hat, weil sie sich langweilte. No ist überrascht. Lou möchte No ebenfalls Fragen stellen, traut sich jedoch nicht. Als die Mädchen zusammen lachen, bemerkt Lou, dass No im Seitenzahnbereich ein Zahn fehlt.

Mitleid mit No   Zusammen mit No fühlt sich Lou erstmals nicht als Außenseiterin. Sie verabschiedet sich von No mit einem etwas unsicheren „au revoir" (S. 17) und geht. Sie dreht sich noch einmal um und sieht No mit leerem Blick dastehen. Lou registriert Nos Einsamkeit und sie empfindet Mitleid.

Lou fragt am Abend ihre Mutter, warum junge Mädchen auf der Straße leben. Frau Bertignac antwortet, dass die Welt ungerecht ist. Lou fragt nicht weiter. Sie denkt an No, an ihre Zerbrechlichkeit und Einsamkeit. Sie bedauert, sie nicht nach ihrem Alter gefragt zu haben, und wäre gerne mit ihr zusammen. Lou ahnt, dass No schon beängstigende Lebenserfahrungen gemacht hat.

Lucas mag Lou   Lucas Muller setzt sich auf seinen Platz in der letzten Reihe. Lou beobachtet ihn und denkt an ihren ersten Schultag in der Klasse zurück: Sie kennt niemanden, hat Angst und setzt sich nach hinten. Lucas lächelt sie an und Lou leiht ihm einen Stift zum Ausfüllen der Anmeldebögen. Lou kommt zu dem Schluss, dass Lucas ein Mensch ist, dem „das Leben keine Angst macht" (S. 20). Er beteiligt sich auch nicht am Unterricht. – Lou realisiert, dass sie inzwischen alle Namen und alle Gewohnheiten ihrer Klassenkameraden kennt. Sie denkt an das zu Schuljahresbeginn aufgenommene Foto. Sie nimmt sich vor, irgendwann eine Verbindung zwischen Lucas und sich herzustellen.

3.2 Inhaltsangabe

Der Bahnhof
Gare d'Austerlitz
in Paris.
© picture alliance/
REUTERS

Lou „besucht" No

Lou fährt zum Gare d'Austerlitz zu No. Diese sitzt auf dem Boden, bettelt mit einer Thunfischdose und begrüßt Lou in einem leicht überheblichen Ton – aber mit ihrem vollen Namen. Lou ist eingeschüchtert, doch sie lädt No zu einem Getränk ein. Diese springt auf, nimmt zusammen mit Lou ihre Habseligkeiten und kommt mit. Auf dem Weg begegnen sie einem Mann, mit dem No in Zeichensprache kommuniziert. Lou will ein Bahnhofslokal betreten, doch No ist dort unerwünscht. Auf der Suche nach einem anderen Lokal kommen sie an einem Zeitschriftenladen vorbei. No geht hinein und begrüßt die Frau an der Kasse, die ihr Süßigkeiten schenkt. No und Lou betreten schließlich die Brasserie *Relais d' Auvergne*.

3.2 Inhaltsangabe

Beim Kellner bestellt sich Lou eine Cola, No einen Wodka. Die Getränke werden gebracht. No greift hastig nach ihrem Glas und Lou sieht den Schmutz an ihren Händen, die abgekauten Fingernägel, die Kratzwunden an den Handgelenken (S. 24). Sie ist schockiert. No fragt Lou, wo sie wohne. Lou beantwortet die Frage brav und stellt die Gegenfrage. Mit einer Geste gibt No zu verstehen, dass sie keine Wohnung hat, und erklärt Lou, dass sie bei Bekannten schläft und den Schlafplatz alle drei oder vier Tage wechseln muss. Lou fragt nach Nos Eltern. No antwortet, dass sie keine hat. Lou will daraufhin wissen, ob sie tot seien, was No verneint.

No möchte reden und Lou erzählt von sich

No, die sehr angespannt ist, möchte sich noch etwas zu trinken bestellen. Lou stimmt zu und würde No gerne eine Vielzahl an Fragen stellen. Sie hält die Fragen zurück aus Angst, dass No gehen könnte. No trinkt von ihrem zweiten Wodka und entwendet am Nachbartisch eine Zigarette. Sie möchte mit Lou reden, die eine Abneigung gegen das Reden hat. Doch Lou sieht den bittenden Blick Nos und beginnt zu erzählen. Sie erzählt No „wild durcheinander" (S. 26) von ihrer Schatzkiste, ihren Traumkisten und davon, dass sie in ihrer Klasse *das Hirn* genannt und von ihren Klassenkameraden ignoriert wird. Lou erzählt von Lucas und davon, dass sie Wörter sammelt. Sie berichtet von ihren Lexika, die sie fast auswendig kennt. No legt ihren Kopf auf den Tisch und schläft ein. Zunächst spricht Lou weiter, dann schaut sie auf die schlafende junge Frau und freut sich, dass diese im Warmen ist. Als Lou nach Hause fahren muss, weckt sie No vorsichtig. No fragt sie, ob sie bezahlt habe, und sagt, dass sie noch bleiben möchte. Lou möchte sich wieder mit No treffen und diese willigt ein. Von der Straße aus winkt Lou No zu, doch diese sieht sie nicht an.

Pfiffiger Lucas

Monsieur Marin bittet Lou, nach dem Unterricht zu ihm zu kommen, da er ihr Material für ihr Referat mitgebracht hat. In ihrem Kopf spult

3.2 Inhaltsangabe

Lou die von dem Lehrer festgelegten Verhaltensregeln ab. Lucas gab er einen Kamm, forderte ihn auf, das Klassenzimmer zu verlassen und gekämmt zurückzukehren. Lucas ließ sich nicht einschüchtern und antwortete, dass man Kämme und Zahnbürsten nicht verleiht.

Monsieur Marin lobt Lou wegen ihrer Themenauswahl und gibt ihr ein Buch über Ausgrenzung in Frankreich und die Kopie eines Zeitungsartikels über Obdachlosigkeit. Dann versichert er, dass Lous Referat gut werden wird.

Lou zieht sich mit einem Kloß im Hals und brennenden Augen zu ihrem Lieblingsplatz auf dem Pausenhof zurück und beobachtet die Klassenkameraden. Léa Germain und Axelle Vernoux haben Lou einmal zu ihrem Geburtstag eingeladen: Lou sagt zu und übt sogar tanzen. Am Tag der Geburtstagsfeier zieht sie die ausgewählte Kleidung an, schaut in den Spiegel – und kommt sich klein und nichtssagend vor. Sie verliert allen Mut, zieht sich wieder aus und setzt sich vor den Fernseher, wo sie eine Deo-Werbung ansieht (S. 33). Ihre Mutter schweigt zu der Situation und Lou hätte gerne geweint. Am Montag darauf entschuldigt sich Lou bei Léa und Axelle und führt familiäre Gründe für ihr Fernbleiben an. – Seit diesem Tag haben Léa und Axelle nicht mehr mit ihr gesprochen.

Die Psychologin Madame Cortanze verglich Lous intellektuelle Frühreife mit einem Auto von ausgefeilter Technik, das leistungsfähiger sei als die anderen Autos: Dies würde Chancen eröffnen, aber auch Schwierigkeiten bedeuten. Dies gehöre zum Erwachsenwerden, sagte Madame Cortanze. Mit 13 Jahren hält sich Lou nun für desorientiert (S. 34).

Lou überlegt, welche Krankheit sie simulieren könnte, um das Referat nicht halten zu müssen. Als die Pause zu Ende ist, geht Lucas zu Lou, nennt sie „Krümel" (S. 36) und sagt ihr, dass ihr gewähltes Referatsthema bei Monsieur Marin sehr gut ankommt. Lou kann vor Aufregung nichts sagen und geht zusammen mit Lucas wieder in

[Randnotiz:] Sozial ängstliche Lou

[Randnotiz:] Angst vor dem Referat: Ermutigung durch Lucas

3.2 Inhaltsangabe

das Schulgebäude. Lou macht sich immer noch Gedanken um das ungeliebte Referat und realisiert, dass sie das Referat wird halten müssen. Sie nimmt sich vor, No um Hilfe zu bitten.

Lou bittet No um Hilfe bei ihrem Referatsthema

Lou fährt wieder zum Bahnhof. Sie sieht No am Zeitungskiosk stehen und lädt sie zu einem Getränk in eine Kneipe ein. Lou möchte nicht auf Nos Hände schauen und so blickt sie auf die auf der Theke liegenden hartgekochten Eier und ihre Gedanken schweifen ab zu dem viereckigen Ei, das sie und ihre Cousins im vergangenen Sommer hergestellt hatten. Dann realisiert sie, dass No ihr gegenübersitzt, und kommt zur Sache: Sie erzählt ihr von dem bevorstehenden Referat, ihrer Angst und dass sie No interviewen möchte. No bittet, sich noch ein Bier bestellen zu dürfen. Lou versucht No zum Einwilligen zu überreden und sagt schließlich, dass sie sich dann öfter treffen und etwas zusammen trinken könnten. Als der Kellner Nos Bier bringt, sieht Lou, dass No abgesehen vom Schmutz sehr hübsch ist. No fragt Lou nach einer Gegenleistung für das Interview.

Trauriger Vater

Als Lou nach Hause kommt, hat ihr Vater das Abendessen zubereitet, ihre Mutter liegt im Bett. Lou registriert die Traurigkeit ihres Vaters, bemüht sich diesmal jedoch nicht um ein Gespräch mit ihm. In ihrem Kopf schwirren die Gedanken, sie bleibt wortkarg. Sie betrachtet die Fotos an den Wänden „von vorher" (S. 42). Im Bett liegend denkt sie an No und an Lucas und seine aufmunternden Worte.

Anouk Bertignac bekommt ein ersehntes Baby und verliert es wieder

Lou denkt an ihre Kindheit und die ersehnte Schwangerschaft ihrer Mutter zurück, als Lou acht Jahre alt war. Endlich wurde damals Lous Schwester Thaïs geboren. Lou denkt an das gemeinsame Glück der Familie mit dem Baby und schaut sich noch heute heimlich die Fotos an. An einem Sonntag findet dann Anouk ihre Tochter Thaïs

3.2   Inhaltsangabe

leblos im Bett. Auch die alarmierten Notärzte können nur noch den Tod des Babys feststellen. Nach der Beisetzung versuchen die Bertignacs ihr vorheriges Leben fortzuführen. Anouk Bertignac allerdings „funktioniert" nur noch und wird schließlich arbeitsunfähig. Lous Lehrerin bittet den Vater zu einem Gespräch und empfiehlt für Lou den Besuch einer Psychologin. Lou besucht daraufhin Madame Cortanze, die zahlreiche Tests mit ihr durchführt und bei der sich Lou eigentlich wohlfühlt.

Anouk Bertignac dagegen wird schwer depressiv. Sie spricht nicht mehr und verbringt den gesamten Tag entweder im Bett oder vor dem Fernseher. Auch ein Ferienaufenthalt am Meer reißt sie nicht aus ihrer Lethargie. Nach den Ferien lebt Lou einen Monat bei den Großeltern in der Dordogne. Dort besucht sie ihr Vater, um ihr mitzuteilen, dass ihre Mutter in eine psychiatrische Klinik aufgenommen wurde und Lou in Zukunft eine Hochbegabtenschule in Nantes besuchen wird.

Depression bei Anouk

Lou besucht diese Schule in Nantes vier Jahre lang. An jedem zweiten Wochenende fährt sie nach Paris, wo sie anfangs ihre Mutter im Krankenhaus besucht. Nach der Entlassung Anouks aus der Klinik wird Lou von beiden Eltern am Bahnhof abgeholt, doch ihr kurzes Zusammensein ist seltsam unterkühlt. Die Abschiede schmerzen Lou. Lange träumt sie, dass sie und ihre Eltern mit dem Auto verunglücken und im Tod vereint sind (S. 52).

Lou besucht eine Hochbegabtenschule und leidet unter der Trennung

Vier Jahre später lebt Lou wieder bei ihrer Familie in Paris und besucht ein Gymnasium. Manchmal denkt sie, dass auch Thaïs intellektuell frühreif war und sich mit ihrem frühen Tod schützen wollte (S. 52). Lou möchte sein wie alle anderen, sie möchte selbstsicher sein und ohne Lebensangst.

Sehnsucht nach einem gewöhnlichen Leben

Lous Vater hat den Job gewechselt und die Wohnung neu streichen lassen. Er sagt, dass es seiner Frau besser geht – was Lou nicht so empfindet: Nach wie vor lebt Anouk Bertignac in ihrer

Sehnsucht nach Zuwendung

3.2 Inhaltsangabe

eigenen Welt und reagiert wie ein Automat. Lou sehnt sich nach ihrer liebevoller Zuwendung (S. 54).

Lou liegt wieder einmal schlaflos im Bett, ihre Gedanken überschlagen sich. Sie denkt an ihr Referat, an Lucas und an No.

Nos „Freunde" Lou hat sich am Gare d'Austerlitz mit No getroffen, die ihr Roger, Momo und Michel vorstellt. No teilt ihnen mit einem gewissen Stolz mit, dass Lou sie interviewen möchte. Lou fühlt sich unwohl in der Gesellschaft und nimmt aus Höflichkeit eine übel schmeckende Salamischeibe an. Schließlich geht sie mit No in die Kneipe. Auf dem Weg lässt Lou No wissen, dass sie ihre Freunde nett findet. No erwidert, dass man auf der Straße keine Freunde hat. Am Abend schreibt Lou sich diesen Satz auf (S. 57).

Manchmal wartet Lou am verabredeten Ort vergeblich auf No. Dann befürchtet sie, dass No etwas zugestoßen sein könnte.

Wo schlafen? No erzählt Lou, dass sie vor kurzem 18 Jahre alt geworden sei. Vor wenigen Wochen hat sie ein Heim für Notfälle verlassen, in dem sie bis zu ihrer Volljährigkeit untergebracht war. Lou stellt ihre Fragen mit Bedacht, denn No ist leicht zu verärgern und dann schweigt sie. No berichtet über ihre diversen Schlafmöglichkeiten. Wenn sie keine Übernachtungsmöglichkeit findet, ruft sie den *SAMU social*. Da der Winter noch nicht angebrochen ist, sind diese Unterkünfte meist aber noch geschlossen.

Heimatlosigkeit Lou und No treffen sich immer im *Relais d'Auvergne*, das Lou nun vertraut ist. Inzwischen stellt Lou No auch Fragen. Diese reagiert manchmal unwillig, doch meist berichtet sie von ihrem Leben als Obdachlose: „Sie erzählt von diesem Leben, von ihrem Leben, von den Stunden, die sie mit Warten verbringt, von der Angst vor der Nacht." (S. 59) Verabschiedet sich Lou abends, weiß sie nicht, wo No schlafen wird.

3.2 Inhaltsangabe

Lou packt für No ein Paket mit Geschenken, das No ungehalten ablehnt. Lou soll nur die Getränke zahlen, mehr erwartet No nicht. Damit No im warmen Café auf sie warten kann, gibt Lou ihr vorher schon das Geld. Ihre Eltern schwindelt sie über ihre Nachmittage an: Referat mit Leá und diverse Kinobesuche, für die sie von den Eltern jedes Mal acht Euro bekommt. Ihr Geburtstagsgeld von der Großmutter hat Lou bereits für No ausgegeben.

No möchte keine Geschenke

No erzählt von ihrer Suche nach warmen Räumen angesichts der Kälte. Sie schildert das Leben anderer obdachloser Frauen, die sie als „normale Frauen" (S. 62) beschreibt, die arbeitslos geworden oder vor einem prügelnden Ehemann geflohen sind und in Notunterkünften oder in ihren Autos leben und in den *Restaurants du Cœur* essen.

Wege in die Obdachlosigkeit

No erzählt, dass sie einmal von einem Mann aus der Pariser Vorstadt verfolgt wurde. Erst als sie ihn anschrie, verschwand er. Die Blicke der anderen Menschen quälen sie. Einmal wird sie von einem Mann bedauert. Sie spuckt ihm vor die Füße und schaut ihn mit wildem Blick an, bis der Mann geht.

No erzählt von einer älteren Frau, die jeden Abend vor einem Blumengeschäft in der Rue Oberkampf schläft. Anderentags wurde sie Zeugin einer Prügelei zwischen zwei Frauen um einen auf der Erde liegenden Zigarettenstummel. Als sie Lou davon erzählt, bricht ihre Stimme: „ [...] das wird aus einem, sagt sie dann, ein Tier, ein verdammtes Tier." Lou nimmt Nos Erzählungen und Berichte an wie ein Geschenk.

Verrohung

Es ist der 8. Dezember, in zwei Tagen muss Lou ihr Referat halten. Sie sitzt mit No im Café und hat Angst, dass sie sich nach dem Referat nicht mehr sehen werden. Von ihrer Familie hat No nur erzählt, dass ihre Mutter in Ivry lebt, einen Sohn hat und dass No als Zwölfjährige in eine Pflegefamilie gegeben wurde. Lou denkt,

Mitleid mit No

3.2 Inhaltsangabe

dass No keine Möglichkeiten mehr hat, dass es zu spät ist und dass sie selbst nach Hause gehen muss. Lou realisiert, dass sie sich heute vielleicht das letzte Mal sehen und dass No in einem Nichts zurückbleiben wird. Lou möchte von No wissen, ob sie noch manchmal am Bahnhof sein wird. No lässt es offen. Lou gibt nicht auf und verabredet sich mit ihr für Dienstag, um ihr von dem Referat zu erzählen. Schließlich geht Lou zur Metro. Ihr ist schwindelig und sie hat Angst. Für diese Angst findet sie keine Worte.

Lou hält erfolgreich ihr Referat

Lou hält vor ihrer Klasse ihr Referat. Sie beendet es mit dem Appell, dass man als erstes die Augen weit offenhalten muss (S. 69). Die Klasse ist vollkommen still, dann beginnt sie zu klatschen. Monsieur Marin lächelt. Lou sitzt völlig erschöpft an ihrem Platz. Sie registriert, dass sie eine „Eins" bekommen hat und dass Monsieur Marin noch einige Begriffe diktiert. Dann schläft sie ein. Lucas weckt Lou und hilft ihr beim Zusammenpacken. Er amüsiert sich darüber, dass ausgerechnet Lou im Unterricht von Monsieur Marin eingeschlafen ist und dafür nicht getadelt wurde. Lou ist glücklich.

No ist verschwunden

Zum verabredeten Zeitpunkt fährt Lou zum Bahnhof, doch No ist nicht da. In den folgenden Tagen fährt Lou mehrmals zum Gare d'Austerlitz, doch No bleibt verschwunden. Von der Zeitungsverkäuferin erfährt sie, dass No nur noch selten am Bahnhof ist. Die Verkäuferin rät Lou, sich nicht mit Mädchen wie No abzugeben, da sie in einer vollkommen anderen Welt leben. Lou geht zur Metro. Sie ist todtraurig und bedauert, dass sie No hat gehen lassen und sich nicht bei ihr bedankt hat.

Lou ist allein mit ihrem Kummer

Lou trifft zu Hause auf ihre Mutter, die unaufmerksam mit ihr spricht. Lou weiß, dass die Fragen ihre Mutter Kraft kosten, und antwortet, dass alles in Ordnung ist und in zwei Tagen Ferien sind. Anouk ist erstaunt darüber, wie schnell die Zeit vergeht. Bernard

3.2   Inhaltsangabe

Bertignac kommt nach Hause und bringt einen Schwall kalte Luft mit herein. Lou denkt an No, die in dieser Kälte draußen ist.

Lou liegt im Bett und denkt an die Worte der Zeitungsverkäuferin: *„sie lebt nicht in derselben Welt wie du"* (S. 75). Lou akzeptiert das Konzept der getrennten Welten nicht. Lou glaubt, dass in ihrem Inneren etwas fehlt.

Ungeliebte Weltordnung

Lucas wird von Monsieur Marin an die Tafel befohlen, wo er einen Kreis zeichnen soll. Lucas zeichnet den Kreis, woraufhin sein Lehrer sagt, dass das seine Note ist und dass er seine schlechte Leistung in einem vor zwei Wochen angekündigten Test nicht akzeptiert. Dann fordert er Lucas auf, die Klasse zu verlassen. Lucas packt gelassen seine Sachen, wirft Lou einen verschwörerischen Blick zu und geht.

Nach Schulschluss trifft Lou wieder auf Lucas, der auf sie gewartet hat und sie zu sich einlädt. Lou würde gerne mit ihm kommen, doch aus Angst lehnt sie ab und fährt nach Hause. Im Bus überlegt sie, ob eine derartige Gelegenheit wohl wiederkommen wird. Sie steigt einige Stationen vor ihrem eigentlichen Ziel aus und setzt den Weg zu Fuß fort. Das macht sie häufiger und beobachtet dann auf ihrem Weg die zahlreichen Obdachlosen, die in Grünanlagen und Parks kampieren. Sie schämt sich, weil sie selbst ein gesichertes Leben führt.

Lou hat Angst vor Lucas' Einladung

Der Obdachlose Mouloud stirbt im Krankenhaus an einer Lungenembolie. Seit zehn Jahren lebte er in dem Viertel der Bertignacs. Die Unterkünfte mied er, da er seinen Hund dorthin nicht mitbringen durfte. Die Leute legen an seinem Zelt Blumen und Briefe nieder. Wenige Tage nach seinem Tod versammeln sie sich dort, worüber *Le Parisien* berichtet. Die Besitzerin der benachbarten Bar nimmt Moulouds Hund auf. Lou reflektiert, dass Hunde aufgenommen werden, aber keine Obdachlosen. Sie überlegt, dass es weniger Leute auf

Tod des Obdachlosen Mouloud

3.2 Inhaltsangabe

der Straße geben würde, wenn jeder sich nur um einen Obdachlosen kümmern würde. Ihr Vater antwortet zu diesen Überlegungen, dass die Dinge komplizierter sind, als man auf den ersten Blick annimmt. Lou überlegt, ob es zum Erwachsenwerden gehört, dass man gewisse Dinge so akzeptiert, wie sie sind (S. 81). Sie bemerkt, dass diese hochtechnisierte Gesellschaft Obdachlose auf der Straße sterben lässt.

Deprimierende Weihnachten

Da Anouk Bertignac nicht mehr gerne verreist, bleibt die Familie in den Weihnachtsferien zuhause. Lou kommt das Feiern an den Weihnachtstagen und das Zusammensein mit den Verwandten wie eine große Lüge vor. Tante Sylvie, die Schwester von Bernard Bertignac, lässt sich dann in Anouks Beisein über diese aus. Lou und ihre Eltern ignorieren in der Regel Tante Sylvies Gerede. Einmal war es Lou jedoch zu viel und sie fragte ihre Tante, wie es für sie wohl gewesen wäre, wenn sie ihr totes Kind in den Armen gehalten hätte. Sylvie verschlug es die Sprache, Lous Mutter lächelte und die Großmutter strich Lou über die Wange.

Lou denkt an No

Die Weihnachtsgäste sind wieder abgereist. Lou isst zu Abend und denkt an No, Mouloud und Lucas. Sie versucht sich abzulenken. Es ist sinnlos, sie muss an No denken und daran, dass sie irgendwo da draußen und allein ist. Lou denkt, dass No ihr Zeit geschenkt hat und dass sie ihr im Gegenzug nichts dafür gegeben hat.

Lou trifft Geneviève

Lou fährt in das Einkaufszentrum und befragt Nos Freundin Geneviève an der Fleischtheke nach No. Geneviève ist ungehalten, doch sie lässt Lou wissen, dass sie No nicht mehr in ihre Wohnung lässt, da No den ganzen Tag nichts getan hat als den Kühlschrank leerzuessen. Lou bedankt sich und geht. Sie fährt zu dem Iglu-Zelt, das No ihr einmal gezeigt hatte. Als auf ihr Rufen niemand antwortet, geht sie in das Zelt, um nach einem Indiz von No zu suchen.

3.2 Inhaltsangabe

Plötzlich erscheint der Bewohner des Zelts: Er stinkt nach Wein, was Lou ängstigt. Sie entschuldigt sich und sagt, dass sie No sucht. Der Mann kann sich nicht sofort erinnern. Dann erzählt er Lou, die nicht locker lässt, dass No manchmal in die Suppenküche in der Rue Clément kommt. Zu Hause recherchiert Lou die Adresse der Suppenküche und die Uhrzeiten, zu denen das Essen ausgeben wird. Mehrere Tage fährt Lou dorthin, doch No trifft sie dort nicht an.

An ihrem letzten Ferientag geht Lou erneut zu der Suppenküche und findet No in der Schlange der Wartenden. Aufgeregt geht Lou zu ihr. No sieht Lou auf sich zukommen, schaut ihr in die Augen und wendet sich ab. Lou registriert ihren schlechten Zustand. No fragt Lou, was sie wolle. Lou antwortet, dass sie sie gesucht und dass sie sich Sorgen um sie gemacht hat. No will davon nichts wissen und erwidert, dass sie Lou nicht braucht. Dann gibt No ihr noch einen derben Stoß. Lou fühlt sich furchtbar einsam und folgt No in der sich jetzt vorwärts bewegenden Schlange. Schließlich schreit No sie an: „Hau ab, Lou [...]. Das ist nicht dein Leben [...]!" (S. 91) Lou geht, dreht sich aber noch einmal nach No um, die zu weinen scheint. Lou empfindet plötzlich eine Abneigung gegen No und alle anderen Obdachlosen.

No weist Lou ab

Lou hat in ihrem neuen Buch über die Dimension des Universums gelesen und über die Urknalltheorie und macht sich ihre Gedanken darüber. Obwohl ihr Vater abends, wenn er nach Hause kommt, sehr müde ist, widmet er sich intensiv seiner Tochter und ihren wissbegierigen Fragen oder sieht mit ihr zusammen fern.

Geduldiger Vater

Schon als kleines Kind betrachtete Lou ihre Umwelt ganz genau und war fasziniert von den „Verwandlungen". Jetzt wartet sie auf die Pubertät. Aber sie weiß, dass sie dann immer noch anders sein wird als die anderen 13-jährigen Mädchen. In ihren Augen bleibt

Experimente mit sich selbst

3.2 Inhaltsangabe

sie ganz klein, weil sie weiß, wie klein der Mensch eigentlich ist. Lou begreift sich als ein Schwamm, der ungeschützt alles in den Kopf aufnimmt. Ihre Großmutter ist darüber besorgt (S. 95).

Einladung von Lucas

Die Ferien sind vorbei, Lou und Lucas fahren gemeinsam mit dem Bus zur Schule. Sie würde ihm gerne von No erzählen und davon, dass sie manchmal nicht nach Hause gehen möchte, wegen der Trauer und des Fertigessens, das dort auf sie wartet. Lucas fragt, ob sie abends nicht einmal gemeinsam Schlittschuh laufen könnten. Lou reagiert skeptisch. Sie erreichen die Schule und obwohl viele Schüler davorstehen und Lucas alle kennt, bleibt er an Lous Seite. Lou versucht nicht daran zu denken, dass Lucas sie in die Arme nehmen und an sich drücken könnte.

No wartet auf Lou: sie ist am Ende

Lou verlässt die Schule und sieht auf der gegenüberliegenden Straßenseite No: Ihr Zustand ist erbärmlich. Lou bekommt sofort Mitleid und geht mit ihr in die *Bar Botté*. No erzählt, dass sie für 14 Tage in der Notunterkunft im Val-de-Marne aufgenommen wurde. Um 8.30 Uhr muss sie die Unterkunft verlassen, dann vagabundiert sie den ganzen Tag durch Paris, bettelnd, immer auf der Suche nach Essen. Sie hatte versucht Arbeit zu finden, was aber ohne festen Wohnsitz nicht von Erfolg gekrönt war. Nun hat sie aufgegeben. Sie weiß nicht mehr, was sie tun soll. Sie ist entsetzt darüber, wie ihr Leben verlaufen ist.

Schulwissen gegen Lebens- wissen

Lou registriert Nos leeren Blick. Sie denkt, dass in der Schule Gleichheit und Brüderlichkeit[12] gelehrt werden und dass es das in der Realität nicht gibt. Lou denkt an ihre Mutter und deren großen Schmerz. No fragt nach Lous Referat und sie erzählt davon und von

---

12 Freiheit, Gleichheit, Brüderlichkeit – Schlagworte der Französischen Revolution (1789) und Wahlspruch Frankreichs.

3.2 Inhaltsangabe

Lucas und seinen Einladungen. Dann will Lou von No wissen, ob sie schon einmal in einen Jungen verliebt gewesen war. No bejaht und erzählt kurz von Loïc – weitere Fragen will sie aber jetzt nicht beantworten. Lou möchte wissen, wie man einen Zungenkuss praktiziert. No beginnt schallend zu lachen und auch Lou muss lachen und ist glücklich. Dann muss No aufbrechen, um rechtzeitig wieder in ihrem Wohnheim zu sein. Lou gibt No ihr restliches Geld für die Metro. Sie vereinbaren ein Wiedersehen.

Lou überlegt, No in ihre Familie zu holen: No hätte ein Zuhause, sie hätte eine Anschrift, sie könnte sich Arbeit suchen und sie könnte in Thaïs' Zimmer schlafen (S. 105).

Lous Plan

Lou arbeitet an einer Strategie, wie sie ihre Idee mit No den Eltern vermitteln könnte. Bei ihren Überlegungen wird Lou klar, dass No in ihrem Zustand keine vorgetäuschte Rolle spielen kann, sie muss die Wahrheit sagen. Beim gemeinsamen Abendessen will Lou eine vorbereitete Rede mit dem in der Schule gelernten Aufbau nach der Dialektik des Philosophen Hegel[13] halten (S. 107). Als sie mit ihren Eltern spricht, verliert sie allerdings schnell den Faden, sodass ihr Vortrag nicht rational, sondern sehr emotional ausfällt. Ihre Eltern hören ihr zu und nach einer langen Pause schlägt Lous Mutter vor, No kennenzulernen. Lous Vater ist überrascht, dann stimmt auch er zu.

Lou hält eine empathische Rede

Endlich steht No wieder vor Lous Schule. Nachdem sie die Notunterkunft verlassen musste, übernachtete sie bei ihrem Freund im

Januar

––––

13 Georg Friedrich Wilhelm Hegel (1770–1831), Philosoph des deutschen Idealismus. Dialektik: Eine Methode, die eine Position (These) durch gegensätzliche Behauptungen infrage stellt (Antithese). Die Zusammenschau (Synthese) beider Positionen führt zu einer höheren Erkenntnis.

3.2 Inhaltsangabe

Zelt. Doch andere Obdachlose hatten dort ihre Zelte aufgeschlagen und wollten Sex mit ihr. Lou weiß von der Wirkung des ersten Eindrucks, den ein Mensch auf andere Menschen macht, und ihr ist klar, dass sie No in ihrem derzeitigen Zustand unmöglich ihren Eltern vorstellen kann. Sie erklärt Lucas die Situation und dieser nimmt Lou und No mit zu sich nach Hause. Dort angekommen muss sich No übergeben, was sie mit ihrem Medikamentenkonsum erklärt. Lou ruft ihre Mutter an, um ihr zu sagen, dass sie und No in einer Stunde kommen werden. Sie badet No und Lucas sucht Kleidung von seiner Mutter für No heraus. Lou drängt zum Aufbruch und erklärt der von den Medikamenten benommenen No, dass sie sie mit zu sich nach Hause nehmen wird. Bevor Lou ihre Wohnungstür zu Hause aufschließt, klingelt sie. Ihr ist klar, dass sie No jetzt wieder verlieren kann.

Freundliche Aufnahme Nos: Lou ist stolz auf ihre Eltern

Lou stellt No ihren Eltern vor. Gemeinsam essen sie zu Abend. Anouk Bertignac hat selbst gekocht und sie trägt auch keinen Morgenmantel, sondern einen bunten Pullover zu einer schwarzen Hose. Bis zum Ende der Mahlzeit bleibt sie am Tisch sitzen und Lou scheint, als sei ihre Mutter nach langer Zeit wieder ganz bei sich. Die Atmosphäre ist entspannt und das Tischgespräch gerät nicht ins Stocken. Lou registriert den desolaten körperlichen Zustand Nos (S. 116). Nach dem Essen bereitet Lous Vater das Bett für No im Arbeitszimmer: No bedankt sich und blickt zu Boden. Lou ist stolz auf die Reaktion und das Handeln ihrer Eltern. Sie ist sich sicher, dass für No nun ein besseres Leben beginnt, und nimmt sich vor, immer für sie da zu sein.

Erholungsbedürftige No

No bleibt den ganzen Tag in ihrem Zimmer und schläft. Sie verlässt es nur, wenn Lou aus der Schule zurückgekommen ist. Beim Abendessen isst No hastig, hilft beim Aufräumen, schaut sich schüchtern

3.2 Inhaltsangabe

die Wohnung an und legt sich dann wieder hin. Lou glaubt, dass sie sich erholen muss von ihrem Überlebenskampf auf der Straße. No verhält sich sehr diskret, vermeidet Lärm, will keine Umstände machen. Einmal fragt sie Lou, ob sie jetzt „zusammen" seien (S. 120). Lou bejaht diese Frage, obwohl sie nicht genau weiß, was das für No bedeutet.

Vor der Schule wartet Lucas auf Lou und fragt sie, wie sich das Leben mit No gestalte. Lucas verweist vorsichtig darauf, dass Menschen, die auf der Straße gelebt haben, zu keinem bürgerlichen Leben mehr fähig sind. Er bewundert Lous Handeln. Lucas sitzt inzwischen in der Schule neben Lou. Dennoch hat sich an seinem verweigernden Schulverhalten kaum etwas verändert. Allerdings wird Lou seitdem respektvoller behandelt. Lucas bringt Lou jetzt immer nach Hause und gibt ihr Comics, Schokolade oder Zigaretten für No mit.

Lucas sucht Lous Nähe

No verlässt inzwischen ihr Zimmer und zeigt Interesse an den Bertignacs. Ab und zu verlässt sie auch das Haus. Bei Tisch beobachtet No Lou und versucht, alles richtig zu machen. Lou erzählt No die Geschichte, die sich bei ihrer Tante Yvonne zugetragen hat, als Lou das Gebäck loben wollte und versehentlich „das ist e-kel-haft" sagte (S. 124). No lacht sehr über diese Anekdote. No wird kräftiger und entspannter. Lou ist klar, dass No an die anderen Obdachlosen denkt, aber sie sprechen nicht darüber. Nach wie vor steht No manchmal am Fenster[14] und betrachtet die nächtliche Stadt.

No erholt sich

Axelle hat einen neuen Haarschnitt und ist der Star der Klasse. Doch Monsieur Marin demütigt sie deswegen. Axelle steigen die Tränen in die Augen und Lou wird wütend. Sie sagt leise zu Lucas, dass sie

Lou unterstützt Axelle

---

14 Situation am Fenster; Vgl. Kapitel 3.6, S. 104.

3.2   Inhaltsangabe

Marins Verhalten ekelhaft findet. Monsieur Marin fragt nach und nun sagt Lou laut, dass sie sein Vorgehen ekelhaft findet und dass er kein Recht dazu hat (S. 127). Marin fordert sie daraufhin auf, die Klasse zu verlassen. Lou packt ihre Sachen und geht und sie fühlt sich gut dabei. Nach Unterrichtsende bedankt sich Axelle bei Lou. Diese wird von No erwartet, da sie beide zu Lucas gehen wollen. No ist inzwischen gepflegter und Lou fällt erneut auf, wie hübsch sie ist. Lucas gesellt sich zu ihnen und gratuliert Lou zu ihrem Abgang. Er umarmt No liebevoll, was Lou etwas stört.

Lucas lebt allein

Die Wohnung, in der Lucas lebt, ist sehr geschmackvoll eingerichtet und wirkt doch verlassen. Der Vater war vor einem Jahr nach Rio de Janeiro verschwunden, Lucas' Mutter ist zu ihrem Liebhaber nach Neuilly gezogen, da Lucas und der neue Mann in ihrem Leben sich nicht verstehen. Die Mutter hält telefonischen Kontakt mit Lucas und verbringt manchmal ein Wochenende mit ihm in der Wohnung; der Vater schickt Geld. Lucas zeigt den Mädchen Fotografien seines Vaters, Dinge aus seiner Kindheit und die Messersammlung des Vaters, die No fasziniert. Sie essen zusammen und hören gemeinsam Musik. Lou empfindet ein Stillstehen der Zeit und ein Gefühl, als würde ihnen die Welt gehören (S. 129).

No beginnt Arbeit zu suchen

No befolgt den Rat Bernard Bertignacs und besucht die für sie zuständige Sozialarbeiterin. Sie geht daraufhin zweimal in der Woche in eine Tageseinrichtung, die sich um die Wiedereingliederung junger Frauen kümmert, und versucht einen Job zu bekommen. No verbringt viel Zeit mit Anouk Bertignac und spricht mit ihr.

3.2   Inhaltsangabe

Mutter und Tochter Bertignac sitzen mit No in der Küche, Madame
Bertignac putzt zu Lous Erstaunen Gemüse und stellt No Fragen,
die ein wirkliches Interesse zeigen.

No erzählt, dass sie durch eine Vergewaltigung gezeugt wurde   *Vergewaltigung –*
(S. 131 ff.): Ihre Mutter Suzanne ist 15 Jahre alt, als vier Männer in   *Suzanne hasst*
einer Scheune über sie herfallen. Eine Abtreibung ist nicht mehr   *ihre Tochter*
möglich und so bricht Suzanne die Schule ab, geht in die Norman-
die und bringt No zur Welt. Nach der Geburt arbeitet sie als Reini-
gungskraft in einem Supermarkt und vermeidet jeglichen Kontakt
mit No, die von ihren liebevollen Großeltern aufgezogen wird. Drei
Jahre nach Nos Geburt lernt Suzanne einen Mann aus Choisy-le-
Roi[15] kennen und zieht mit ihm zusammen. No bleibt bei den Großeltern, bis ihre Oma stirbt – da ist sie sechs Jahre alt. Mit sieben
Jahren zieht sie zu ihrer Mutter und deren Freund nach Choisy-le-
Roi. – No hält plötzlich inne. Lou würde gerne mehr wissen, doch
ihre Mutter fragt nicht nach, da sie weiß, dass man nichts erzwingen
kann.

No hat sich erholt und nimmt am Familienleben teil. Manchmal   *Erste Unsicher-*
noch fragt sie Lou, ob sie jetzt „zusammen" seien, und möchte   *heit Lous*
wissen, ob Lou ihr vertraue. Beide Fragen beantwortet Lou mit Ja,
doch sie erinnert sich, gelesen zu haben, dass der sich ständig
des Vertrauens Vergewissernde es als Erster missbrauchen wird
(S. 134).

Madame Bertignac findet inzwischen wieder ins Leben zurück,
schaut sich Ausstellungen an, isst mit der Familie zu Abend und
erzählt, was sie am Tag erlebt hat. Sie trifft sich mit ehemaligen
Kollegen und geht shoppen. Ihr Mann ist gleichzeitig gerührt und
besorgt.

---

15   Stadt im Großraum Paris.

3.2 Inhaltsangabe

Nos Freund Loïc

Lou denkt unaufhörlich und beschäftigt sich mit verschiedenen Projekten. No ist an Lous Freizeitbeschäftigungen interessiert, hilft ihr, verbringt aber auch viel Zeit mit Nichtstun. Lou möchte mehr von Nos Freund Loïc erfahren, der angeblich nach Irland gegangen war: „[...] wenn sie Geld hätte und einen neuen Zahn, würde sie ihm hinterherreisen." (S. 138)

Mühsame Arbeitssuche

No stellt sich bei ihrer Suche nach Arbeit in Geschäften vor, bei Verbänden und Agenturen. Sie ist sehr umtriebig, doch da sie weder Fremdsprachen- noch PC-Kenntnisse vorweisen kann und noch nie gearbeitet hat, bleibt sie erfolglos.

Abends fahren Lou und No zu Lucas. Zusammen mit ihm entwirft Lou Szenarien, in denen es No gutgeht. Sie hören Musik oder schauen sich Filme an. Lou sitzt dann zwischen Lucas und No und fühlt sich sicher.

No bekommt einen Job und wird ausgenutzt

No hat in einem zwielichtigen Hotel nahe der Bastille als Zimmermädchen einen Job gefunden. Lous Vater ist skeptisch, aber die Familie freut sich mit No und unterstützt sie. Ihr Anstellungsvertrag bewegt sich am Rande der Legalität, sie ist nur als Halbtagskraft gemeldet, die übrige Zeit zahlt ihr Arbeitgeber „schwarz" (S. 141). Sie hat jetzt einen strikten Tagesablauf, steht um 6.00 Uhr auf, frühstückt eilig und fährt dann zu ihrem Arbeitsplatz. Wenn sie abends zu den Bertignacs zurückkehrt, ist sie sehr erschöpft. Die Sozialarbeiterin hat inzwischen eine Akte für die Gesundheitsfürsorge angelegt. Als No Rückenschmerzen bekommt, ist sie aber noch nicht versichert und Lous Vater finanziert No daraufhin einen Besuch bei seinem Arzt. Lou studiert die Beipackzettel der verschriebenen Medikamente. Die Medikamente scheinen No zu helfen.

3.2   Inhaltsangabe

Dienstags treffen sich Lou und No in der Regel bei Lucas. Sie reden und hören Musik. An den übrigen Tagen trifft sich Lou allein mit Lucas. Lou genießt die Zeit mit ihm.

No erzählt weiter von ihrer Kindheit: In Choisy-Le-Roi lebt No mit ihrer Mutter und ihrem Freund in einer Dreizimmerwohnung. Der Freund interessiert sich für No, achtet auf ihre Leistungen in der Schule und bringt ihr das Radfahren bei. Nos Mutter dagegen behandelt ihre Tochter mit Verachtung, weshalb es immer häufiger zu Streitereien mit ihrem Lebensgefährten kommt. Der Freund wirft Suzanne vor, sich nicht um No zu kümmern und sie verkommen zu lassen, und kommt immer häufiger spät nach Hause. Die auf ihn wartende Suzanne bewegt sich dann in der Wohnung wie ein eingesperrter Tiger. No beobachtet sie dabei und fühlt sich schuldig. Einmal will sie ihre Mutter trösten. Diese stößt No so heftig zurück, dass sie gegen die Tischkante prallt und eine Platzwunde an der Braue erleidet. Ein Jahr nach diesem Ereignis verlässt der Mann Suzanne.

Nos grausame Mutter

Einige Tage später erscheint eine Sozialarbeiterin bei Nos Mutter. Sie befragt No, ihre Lehrerin und die Nachbarn. Nos Mutter arbeitet als Kassiererin in einem Supermarkt und trinkt. Später ziehen Mutter und Tochter in eine Sozialwohnung nach Ivry, Suzanne verliert ihre Arbeit, woraufhin sie nur noch trinkt. No kümmert sich um ihre Mutter und vernachlässigt die Schule. Nach einem Sturz im Treppenhaus kommt sie eines Tages mit einer aufgeplatzten Lippe, Prellungen am ganzen Körper und zwei gebrochenen Fingern in die Schule. Die Sozialarbeiterin verständigt das Sozialamt und No kommt mit zwölf Jahren in eine Pflegefamilie.

Alkoholsucht

Das Ehepaar Langlois behandelt No gut, sie hat regelmäßig Kontakt zu ihrem Großvater. Nos Noten sind allerdings weiterhin schlecht. Als No auf das *Collège* kommt, beginnt sie zu rauchen und sich mit Jungen zu treffen. Spät in der Nacht erst kommt sie nach

Pflegefamilie, Heim, Flucht

3.2 Inhaltsangabe

Hause und weigert sich dann, ins Bett zu gehen, weil sie Angst vor der Nacht hat. Dann beginnt No auszureißen, weshalb sie in ein Erziehungsheim kommt, wo sie Loïc kennenlernt. Dort trifft sie auch auf Geneviève, die an jedem zweiten Wochenende zu ihren Großeltern fährt. Ein- oder zweimal darf No mitkommen und dort fühlt sie sich sehr wohl. Später schließt Geneviève die Schule ab und zieht nach Paris. No beginnt wieder wegzulaufen. –

Als Bernard Bertignac nach Hause kommt, bricht No ihre Erzählung ab. Lou ist etwas eifersüchtig, wenn ihre Mutter mit No wie mit einer Erwachsenen redet.

Sozialexperiment No

Der Sonntag ist für Lou Experimentiertag. Sie betrachtet auch No als eine Art Sozialexperiment, „ein großangelegtes Experiment gegen das Schicksal" (S. 151). No verbringt nach der Arbeit sehr viel Zeit mit Lou und deren Projekten. Lou registriert, dass No unter ihrem Arbeitsplatz leidet, und hofft, dass sie bald einen besseren Arbeitsplatz findet, wenn sie mehr Erfahrung hat. Nos Wunsch nach einer eigenen Wohnung lässt sich mit ihrem halb schwarz bezahlten Job nicht realisieren. Mit viel Glück könnte sie in einer Wiedereingliederungseinrichtung unterkommen, heißt es. Lou möchte nicht, dass No auszieht. Sie beschwört No, dass sie „zusammen" sind. No nickt und erwähnt nicht, dass das Arrangement nicht von Dauer sein kann.

Lous Mutter erzählt von Thaïs' Tod

Lous Vater muss für einige Tage auf Geschäftsreise. Täglich ruft er an und fragt, ob – vor allem mit Anouk – alles in Ordnung ist. Lou kann ihn beruhigen: Ihre Mutter nimmt am täglichen Leben teil und hat sogar Stoff gekauft, um alte Kissen neu zu beziehen. Beim gemeinsamen Abendessen erzählt Lous Mutter Anekdoten aus dem Leben ihrer wissbegierigen Tochter. Lou hört ihrer Mutter zu und stellt überrascht fest, dass ihre Mutter sich an das Leben

3.2   Inhaltsangabe

vor Thaïs' Tod erinnert. No stellt Lous Mutter persönliche Fragen
und Anouk Bertignac erzählt schließlich von Thaïs' Tod. No blickt
vorwurfsvoll Lou an, die ihr von diesem Familiengeheimnis bisher
nichts erzählt hatte. Lou ist zornig und geht No am kommenden
Morgen verstimmt aus dem Weg.

In der Schule trifft Lou auf Lucas, der wieder einmal Desinteresse
am Schulbetrieb zeigt. Lou denkt an die positive Wesensänderung
ihrer Mutter – der Grund sollte ihr eigentlich egal sein. Nach der
Schule nimmt sie Lucas' Einladung auf eine Cola an. Er versucht
sie abzulenken und ihr die traurigen Gedanken zu entlocken. Lou
will nichts sagen, was Lucas akzeptiert. Dann verrät er ihr sein
Geheimnis: Wenn sie groß sei, wolle er sie dahin mitnehmen, wo
die Musik schön sei und wo die Menschen auf der Straße tanzen
würden. Diese Offenbarung nimmt Lou den Atem und macht sie
sprachlos. Als sie ihre Worte wiederfindet, fragt sie Lucas, ob es
sein kann, dass es Eltern gibt, die ihre Kinder nicht lieben. Lucas
antwortet: „Ich weiß nicht, Krümel. Ich glaube nicht. Ich glaube,
es ist immer komplizierter, als man denkt." (S. 159)

Romantischer Lucas

No und Lou fotografieren sich mit Selbstauslöser. Einige Tage später
holen sie die fertigen Bilder ab und betrachten sie. No gefallen sie
nicht, sie würde sie gerne zerreißen. Sie zeigt Lou ein Kinderbild von
sich. Auf Lou wirkt die etwa fünfjährige No vollkommen verlassen
und erinnert sie an eine schockierende Reportage über Kinder in
Waisenhäusern.

Nos Kinderbild

Seit einigen Tagen ist No schlecht gelaunt, was sie aber nur in
Lous Gegenwart zeigt. Lou hat sie beim Stehlen von Medikamenten
ihrer Mutter aus dem Badezimmerschrank ertappt. Lou weiß, dass
diese Medikamente gefährlich sind, und so muss No ihr versprechen, einen Arzt zu konsultieren, sobald sie ihre Versichertenkarte
hat. No muss im Hotel immer länger arbeiten. Lou hört nachts, wie

No stiehlt Beruhi-gungsmittel

3.2 Inhaltsangabe

sie sich einige Male übergeben muss, was den Eltern aber verborgen bleibt. Als No ihren ersten Lohn bekommt, sind die Überstunden nicht vergütet. Die Arbeitsbedingungen im Hotel werden immer schwieriger, aber mit Lous Eltern möchte No nicht darüber reden.

Utopistin Lou

Wenn Lou mit Lucas zusammen ist, schmiedet dieser gemeinsame Pläne. Lou erzählt von No und deren schlechtem Job. Beide überlegen, wie sie sich an Nos Chef rächen könnten, und spinnen Phantasiegeschichten um Nos Zukunft. In der Schule nennt Monsieur Marin Lou eine „Utopistin" (S. 164), was Lou zunächst für ein Kompliment hält. Zuhause schaut sie im Wörterbuch nach und ist dann etwas irritiert.

Besuch bei Nos Mutter: Die Tür bleibt verschlossen

An einem Sonntagmorgen eröffnet No Lou, dass sie unbedingt zu ihrer Mutter fahren möchte (S. 166 ff.). Lou belügt ihren Vater und sagt, dass sie einen Flohmarkt besuchen werden, ehe sie sich zu zweit auf den Weg nach Ivry machen. No ist sehr angespannt und Lou begegnet der Aktion skeptisch. No erzählt, dass sie vor einigen Tagen anonym bei ihrer Mutter angerufen hat und deshalb weiß, dass sie immer noch in Ivry wohnt. Lou und No erreichen den Wohnblock, No klingelt an der Wohnungstür. No muss zweimal klingeln, dann erst hören sie schleppende Schritte, jemand schaut durch den Türspion. No ruft, dass sie es sei. Lou und No hören eine Kinderstimme, ein Flüstern und dann ist es wieder ruhig. Die Tür bleibt verschlossen. No tritt wütend gegen die Tür und fordert ihre Mutter vergeblich zum Öffnen auf. No brüllt und hämmert weiter und Lou befürchtet, dass die Nachbarn die Polizei rufen könnten. Schließlich zieht sie No mit sich fort, zwei Stockwerke tiefer sackt No zu Boden. Sie schlägt gegen die Wand, ihre Hand beginnt zu bluten. Lou versucht sie zu beruhigen und sagt, dass ihre Mutter nicht die Kraft hat, die Tür zu öffnen. No erwidert, dass sie ihrer Mutter völlig gleichgültig ist. Lou verneint das und behauptet, dass die Bezie-

3.2 Inhaltsangabe

hungen zwischen Eltern und Kindern immer komplizierter sind, als man gemeinhin annimmt, und dass sie beide doch „zusammen" sind. Beide gehen die letzten Stockwerke hinunter, wobei Lou No fest am Handgelenk hält. Auf der Straße drehen sie sich nach dem Haus um: Am Fenster steht ein Kind, das schnell verschwindet. Lou und No gehen zum Bahnhof.

Der Ehemann von Lous Tante Sylvie will sich einer anderen Frau wegen scheiden lassen. Um seiner Schwester zur Seite zu stehen, beschließt Bernard Bertignac, sie zusammen mit Lou und Anouk einige Tage in der Dordogne zu besuchen. Lou bedauert, dass No ihrer Arbeit wegen nicht mitfahren kann, und versucht ihre Eltern davon zu überzeugen, zusammen mit No zu Hause zu bleiben. Die Eltern lassen sich nicht darauf ein und überlegen, ob sie No überhaupt allein in der Wohnung lassen können, ringen sich aber schließlich dazu durch. Lou eröffnet No die Pläne (S. 170 f.), die darüber alles andere als glücklich ist. Lou hat Mitleid mit No und sie versucht schnell das Thema zu wechseln. Die Stimmung zwischen beiden ist gedrückt: Lou hat das Gefühl, No im Stich zu lassen.

Die Bertignacs wollen verreisen

Lous Vater spricht mit No über Vertrauen und Verantwortung und stellt klar, welches Verhalten er in den Tagen ihrer Abwesenheit von ihr erwartet (S. 172). Am Abend treffen sich Lou und No bei Lucas, No erscheint direkt nach der Arbeit geschminkt in Minirock und hochhackigen Schuhen: Lucas und Lou sind hingerissen. Zusammen schauen sich die drei einen Film an. Er handelt von einer tauben jungen Frau, die sich von einem Kriminellen ausnutzen lässt. Auf dem Heimweg schweigt No und Lou befragt sie zu ihren Gefühlen. No erkennt, dass sie nicht Teil der Familie ist: „Ich gehöre nicht zu deiner Familie, Lou. Genau das musst du verstehen, ich werde nie zu deiner Familie gehören." (S. 174) No weint und schweigend

Verhaltensregeln für No

3.2 Inhaltsangabe

setzen sie schließlich ihren Weg fort. Lou realisiert, dass No etwas Schlimmes erlebt haben muss.

No meldet sich nach zwei Tagen nicht mehr

Die Bertignacs sind bei Sylvie, der es tatsächlich sehr schlecht geht. Zunächst ruft No wie vereinbart an den ersten beiden Tagen an. Dann hören die Bertignacs nichts mehr von ihr, obwohl Lous Vater mehrfach versucht sie zu erreichen. Wie geplant, fahren sie aber erst am Donnerstag nach Hause. Lou kann es kaum erwarten und hat böse Vorahnungen. Am Pariser Autobahnring staut sich der Verkehr und Lou sieht die Obdachlosenlager, Zelte und Baracken auf Böschungen und unter den Brücken. Lou reflektiert, dass eine technisch hoch entwickelte Zivilisation Obdachlose sich selbst über-

Chaos in Nos Zimmer

lässt. Die Bertignacs betreten ihre Wohnung. Sie ist ordentlich bis auf Nos Zimmer, in dem umgekippte Wodka- und Whiskyflaschen liegen sowie leere Medikamentenpackungen. No ist nicht da. Lou versucht ihr Entsetzen mit sprachlichen Mustern zu kontrollieren. Sie resümiert, dass in der Sprache fatale Situationen berücksichtigt sind.

Alles ist anders: Lous Vater warnt No

Lou liegt schlaflos im Bett und stellt fest, dass es zwei Arten von Schlaflosigkeit gibt: Da ist die Schlaflosigkeit, die die Dinge schlimmer mache, als sie seien, und da ist die Schlaflosigkeit, die einen wissen lasse, dass sich die Dinge unwiderruflich geändert haben.

No kommt am frühen Morgen in die Wohnung. Lou hört sie, steht auf und beobachtet sie. No legt sich bekleidet auf ihr Bett und weint. Lou zieht sich wieder zurück. Sie sieht, wie ihr Vater das Zimmer betritt und eine Stunde lang mit No redet.

Morgens trifft Lou in der Küche auf ihren Vater. Er befragt sie zu Nos Alkoholkonsum und ihrem Arbeitsplatz. Lou antwortet vorsichtig, aber aufrichtig. Ihr Vater fragt, ob No überhaupt noch arbeite, was Lou bejaht. Lous Vater erzählt, dass er No darüber informiert

3.2 Inhaltsangabe

hat, dass sie gehen muss, wenn sie sich nicht an die Regeln halte und Lou belaste.

No hat am Vormittag einen Termin bei ihrer Sozialarbeiterin, doch sie bleibt im Bett liegen. Um die Situation zu retten, geht Lou zu No, um sie zu wecken. Dabei riecht sie eine Mischung aus Alkohol und vermutlich Medikamenten. Nach einiger Zeit wird No endlich wach. Lou gibt ihr frische Kleidung, währenddessen verlässt ihr Vater die Wohnung. Lou kocht Kaffee. Sie würde gerne mit Lucas sprechen, doch der ist bei seiner Großmutter. No geht nicht zu ihrer Sozialarbeiterin, sondern badet zwei Stunden lang. Anouk klopft an die Tür und fragt, ob alles in Ordnung sei. Später versucht Lou mit No zu reden, doch diese schaut mit leerem Blick an ihr vorbei. Lou muss an den Blick ihrer Mutter nach Thaïs' Tod denken.

Unzugängliche No

No arbeitet jetzt nachts im Hotel. Bis zwei Uhr muss sie an der Bar stehen, dann übernimmt sie bis zum frühen Morgen Portieraufgaben. Allerdings wird sie jetzt besser bezahlt, außerdem erhält sie Trinkgeld. Wenn Lous Vater am Morgen zur Arbeit geht, begegnet er ihr vor der Haustür. Oft bringt er das übermüdete Mädchen ins Bett, auf dem sie dann regelrecht zusammenbricht. Tagsüber schläft No. Bernard Bertignac sagt seiner Tochter, dass No Alkohol und Medikamente konsumiert, und kontaktiert vergeblich Nos Sozialarbeiterin. Einmal kommt Lou in die Küche und trifft dort auf ihre diskutierenden Eltern, die das Gespräch sofort abbrechen.

Die Eltern diskutieren, ob No bleiben kann

Lou hat Ferien, doch sie unternimmt nichts, bleibt zu Hause, verbringt die Zeit mit Fernsehen und dem Lesen von Zeitschriften und ist immer darauf bedacht, Nos Aufwachen nicht zu versäumen. No kommt nicht mehr in Lous Zimmer und vermeidet das Zusammentreffen mit deren Eltern. Lous Mutter versucht mit No zu reden, scheitert aber. Nur das Abendessen nehmen sie noch zu viert ein, die Atmosphäre ist bedrückend.

3.2   Inhaltsangabe

Vor dem Einschlafen denkt Lou an eine Textsequenz aus dem *Kleinen Prinzen*.[16] Es ist jene Sequenz, in der der Fuchs den Prinzen bittet, ihn zu zähmen, und der Prinz nicht weiß, was das bedeutet. Der Fuchs erklärt ihm, dass sie nur dann füreinander einzigartig sind, wenn er ihm die Freiheit nehme. Lou überlegt, ob es vielleicht darauf ankomme, jemanden zu finden, den man zähmt.

No soll in eine Suchtklinik gehen

Die Ferien sind zu Ende. Lou betritt die Küche, in der ihr Vater und eine übernächtigte No sitzen. Bernard Bertignac eröffnet seiner Tochter, dass No in eine Klinik gehen und einen Entzug machen soll. Lou schweigt trotz Nachfragen ihres Vaters dazu. Sie ist erbittert, weil sie gesagt hatten, dass sie No helfen würden, dass sie für sie da sein würden, dass sie nicht aufgeben würden. Lou will, dass No bleibt, dass sie mehr Kraft investieren. Ihr Vater spricht mit No, die nicht antwortet. Lou verlässt die Wohnung. Sie addiert Silben der Wörter auf der elektronischen Haltestellenanzeige, um nicht zu weinen. Erst nach dem Klingeln betritt sie die Schule und wird dort von Lucas erwartet. Sie geht auf ihn zu und er nimmt sie in seine Arme.

Lou reflektiert, dass Bücher ihre Ordnungen haben im Gegensatz zum richtigen Leben (S. 191).

No ist fort

Lou resümiert, dass sie No zu einem Familienmitglied hat machen wollen, und empfindet sich als Mängelwesen: zwar intelligent, aber gegenüber der Wirklichkeit versagend. Sie gibt ihrem Lehrer recht, der gesagt hatte, dass man nicht hoffen solle, die Welt verändern zu können, da die Welt stärker sei.

Lou überlegt, dass No wohl gleich nach dem morgendlichen Gespräch mit ihrem Vater aufgebrochen ist: Als Lou nach Hause

---

16   Dazu siehe Kapitel 3.6 Stil und Sprache, Intertextualität, S. 107.

3.2 Inhaltsangabe

kommt, ist No fort, ihr Zimmer aufgeräumt. Die geliehene Kleidung liegt ordentlich gefaltet auf dem Tisch, allerdings hat sie sämtliche Schlaf- und Beruhigungsmittel aus dem Medikamentenschrank mitgenommen. Auf ihrem eigenen Schreibtisch findet Lou Nos Kinderbild in einem Umschlag.

No steht mit ihren Habseligkeiten bei Lucas vor der Tür. Er lässt sie in die Wohnung und hilft ihr, da No kaum gehen kann, ins Schlafzimmer. Danach ruft Lucas Lou an. Am nächsten Tag besucht Lou No in Lucas' Wohnung; Lou und No umarmen sich lange. Ihre Eltern fragen Lou oft, ob sie inzwischen von No gehört hat: Lou schaut dann ganz traurig und verneint. Lou und Lucas wollen sich um No kümmern und niemand soll das wissen.

Nos Flucht zu Lucas

Anouk Bertignac legt wieder Wert auf ihr Äußeres und bereitet ihre Rückkehr in den Beruf vor. Bernard Bertignac renoviert Thaïs' Zimmer, aus dem ein schickes Arbeitszimmer werden soll. Abends schauen sie sich einträchtig Kataloge an und machen Pläne. Lous Eltern sind der Ansicht, dass Lou zu viel Zeit bei Lucas verbringt. Lou lässt sich deshalb Ausreden einfallen, um ihr häufiges Fortsein erklären zu können. Bernard Bertignac telefoniert mehrmals mit Nos Sozialarbeiterin, da er sich Sorgen macht. Die Sozialarbeiterin hat aber auch nichts von No gehört.

Ahnungslose Eltern

Für No hat Lou eine Girlande gebastelt, bestehend aus Alltagsgegenständen. Diese Girlande will sie No schenken, wenn diese einen Ort gefunden hat, an dem sie bleiben kann. In der Schule berichtet Lucas Lou von No. Lucas verbietet No, in seiner Wohnung zu trinken. Er gibt ihr auch keinen Wohnungsschlüssel, sondern erwartet, dass sie morgens da ist, bevor er die Wohnung verlässt.

Einsame Lou

Lou stellt fest, dass No kraftlos und angewidert ist. Wenn Lou abends mit Lucas in dessen Wohnung kommt, fürchtet Lou, dass

Veränderte Atmosphäre

3.2 Inhaltsangabe

sie entweder tot ist oder weg. No liegt jedoch stets auf dem Bett, schlafend oder dösend. In der Regel essen Lou, Lucas und No gemeinsam zu Abend. No beteiligt sich an der Konversation und versucht unbekümmert zu erscheinen. Die Atmosphäre ist jedoch eine vollkommen andere als noch vor wenigen Tagen.

Konspiratives Vorgehen

Für Lou und Lucas ist die gemeinsame Sorge für No beinahe ein Spiel und Lou denkt an die Menschen, die im Krieg jüdische Kinder versteckt hatten. Sie wappnen sich für alle möglicherweise eintretenden Eventualitäten. An manchen Tagen ist No bereits aufgestanden, wenn Lou und Lucas aus der Schule kommen, und erscheint vital und ausgelassen. An anderen Tagen verhält sie sich obszön und aggressiv. Dann gibt Lucas Lou zu verstehen, dass sie beide No auch nicht helfen können (S. 201).

Lou und No gehen in das Hotel, in dem sie arbeitet. Beide gehen an die Bar, No hat Lou eingeladen. No trinkt hintereinander drei Wodkas – Lou ist entsetzt. An einem anderen Abend gehen beide durch die Stadt. In der Nähe der Bastille bittet ein Mann sie um Kleingeld, beide gehen sie an ihm vorbei. Lou erkennt in dem Bettler Momo von der Gare d'Austerlitz. Sie macht No darauf aufmerksam, die zurückgeht und Momo 20 € geben will. Momo richtet sich auf, schaut sie an, ignoriert den Geldschein, spuckt aus und setzt sich wieder hin: „[...] zu dieser Welt gehört sie nicht mehr und zu unserer gehört sie auch nicht, sie ist weder draußen noch drinnen, sie ist dazwischen, da, wo nichts ist." (S. 202)

Nos Hals zeigt Würgemale und sie belügt Lou über die Ursache. Lou, die sie durchschaut, ist dennoch nicht in der Lage, etwas zu sagen oder gar wütend zu werden.

No will nach Irland zu Loïc

No spart Geld und deponiert es in einem Umschlag: Sie möchte damit zu Loïc nach Irland reisen, verrät sie Lou. Ist Lucas abwesend, erzählt No von Loïc: Er verließ das Internat, wollte nach Irland gehen

3.2 Inhaltsangabe

und No schreiben, wenn er eine Wohnung gefunden habe. Dutzende von Briefen habe Loïc ihr geschrieben, sagt No. Wenn Lou No Kraft geben will, sagt sie, dass Loïc sie in Irland erwartet.

Lou wartet morgens vor der Schule auf Lucas, doch er kommt nicht. Erst eine halbe Stunde nach Unterrichtsbeginn erscheint er im Klassenzimmer. Zunächst scheint es, als würde Monsieur Marin die Verspätung ignorieren, dann aber schickt er Lucas nach einem kurzen Disput zur Schulleitung. Entgegen seinem üblichen Verhalten in solchen Situationen nimmt Lucas einfach seine Sachen und geht. Lou ist beunruhigt.

Lou erfährt schließlich von Lucas, dass No nicht nach Hause gekommen ist, dass es ihr schlecht geht und dass sie viel zu viel Alkohol trinkt. Lucas erkennt ihre Ohnmacht Nos Verhalten gegenüber, aber Lou will das nicht wahrhaben. Einsichtiger Lucas

Axelle und Léa laden Lou und Lucas zu Léas Party ein. Lucas sagt lächelnd zu. Lou missfällt das, weil sie No und ihre Probleme als wichtiger empfindet als eine Party. Zunächst schmollt sie, dann jedoch schlägt sie Lucas vor, gemeinsam zu ihm nach Hause zu gehen. Lou kauft eine große Tüte von Lucas' Lieblingsgebäcks *broche suisse* und denkt über Lucas' Gefühle für sie nach.

In Lucas' Wohnung finden sie No stark alkoholisiert auf dem Sofa liegend vor: Das T-Shirt ist hochgerutscht, aus ihrem Mund rinnt Speichel. Lucas schaut Lou mit einem vielsagenden Blick an. Lou realisiert, dass es No wieder einmal schlecht geht. Zu Lucas sagt sie, dass es No auch vorher schlecht ging, aber vorher habe sich niemand für ihren Zustand interessiert. „Das ändert vielleicht nicht den Lauf der *Dinge*, aber es macht einen Unterschied." (S. 210) Lucas hört ihr schweigend zu, dann streicht er Lou übers Haar. Lou realisiert, dass sie an eine höhere, verborgene Ordnung der Welt geglaubt hat – das revidiert sie nun. Appell an Lucas

3.2 Inhaltsangabe

Neubeginn

Lous Eltern räumen Thaïs' ehemaliges Zimmer leer und sortieren Dinge aus. Lou kommt zu dem Schluss, dass ihre Eltern ihr Leben neu einrichten. Lou erzählt von ihrer Parteinladung am Samstag, der Vater fragt nach zeitlichen Details und stimmt dann unumwunden zu. Sein „Na fein" (S. 212) frustriert Lou. Sie mag dieses neue Leben nicht. In ihrem Zimmer verliert sie sich in Erinnerungen an ihre Kindheit.

Bittere Erfahrung

Lou erinnert sich an einen Herbsttag in einem Park nach Thaïs' Tod. Sie selbst fährt mit dem Fahrrad, ihre Mutter sitzt auf einer Parkbank. Als Lou stürzt, schlägt sie sich Hände und Knie auf und beginnt laut zu weinen. Sie weint noch lauter, nachdem ihre Mutter keine Reaktion zeigt. Schließlich wird Lous Mutter von einer Dame auf ihre weinende Tochter aufmerksam gemacht. Anouk ruft Lou zu sich. Lou bleibt jedoch sitzen und weint weiter, ihre Mutter rührt sich nicht von der Stelle. In dieser Situation geht die Dame zu Lou, säubert ihre Wunden vorsichtig und bringt das Kind zu ihrer Mutter, die immer noch kaum reagiert. Schließlich gehen Lou und ihre Mutter nach Hause. Sie passieren die Dame, die Lou genau beobachtet. Lou dreht sich noch einmal nach ihr um und die Dame macht mit der Hand ein Zeichen: Lou deutet dieses Zeichen so, dass man stark sein muss und auch ohne Ermutigung aufwachsen sollte (S. 213 f.).

Lou lässt Lucas im Stich

Monsieur Marin fordert Lucas auf aufzustehen und bis zwanzig zu zählen. Lucas, der anders wirkt als sonst, steht auf und beginnt zu zählen. Bei „drei" unterbricht ihn sein Lehrer und teilt ihm mit, dass das seine Punktzahl ist. Marin führt weiter aus, dass Lucas' Notendurchschnitt schlecht ist und er bei der Direktorin drei Tage Unterrichtsausschluss für ihn beantragen wird. Lucas sei auf dem besten Weg, die Klasse ein zweites Mal zu wiederholen, hält Marin dem Schüler vor und schickt ihn aus der Klasse. Lucas packt ge-

3.2 Inhaltsangabe

demütigt seine Sachen. Bevor er die Klasse verlässt, dreht er sich um und schaut Lou mit einem hilfesuchenden Blick an. Die blickt hochmütig, weil sie ihm übel nimmt, dass er zu Léas Party gehen will. Für sie selbst bleibt der Besuch der Party weiterhin unvorstellbar.

Auf dem Schulhof findet Lou Lucas im Gespräch mit François Gaillard. Lucas lächelt ihr zu und sie lächelt zurück, obwohl sie immer noch verstimmt ist. Dann hört sie ein Gespräch zwischen Léa, Axelle sowie Jade Lebrun und Anna Delattre, die darüber reden, dass sie Lucas am Morgen mit einem merkwürdigen Mädchen in einer Brasserie gesehen haben. Ganz weiß im Gesicht sei das Mädchen gewesen und geweint habe es, Lucas dagegen habe die Unbekannte angeschrien. Lucas kommt auf Lou zu und fordert sie auf, auch zu Léas Party zu kommen. Lou schwindelt, dass ihre Eltern das nicht erlauben, weil sie zu jung sei.

Genervt von Lucas

Lou macht sich wieder einmal Gedanken um sich und Lucas. Sie redet sich ein, dass Lucas ihr Fernbleiben von der Party gleichgültig ist. Das alles nervt sie. Dennoch geht sie Nos wegen mit ihm zu seiner Wohnung. No bricht gerade zur Arbeit auf, Lou will sie ein Stück begleiten. Da es No im Fahrstuhl übel wird, nehmen sie die Treppe. No sieht einmal mehr schlecht aus. Auf der Straße angekommen, schenkt No Lou ein Paar rote Converse-Sportschuhe: Lou hatte sich die teuren Schuhe sehr gewünscht. Als Lou die Schuhe in den Händen hält, steigen ihr die Tränen in die Augen. Sie bedankt sich bei No und hält ihr gleichzeitig vor, dass No das Geld doch für die Reise nach Irland braucht. No beruhigt sie, sie solle sich deshalb keine Sorgen machen. Lou will von No wissen, ob Lucas sie aufgefordert habe, die Wohnung zu verlassen, was No verneint. Dann trennen sie sich. Lous Blick fällt auf eine Werbetafel für Parfüm. Lou fragt sich, ob sich das Leben von der Werbung entfernt habe oder die Werbung vom Leben. No geht währenddessen mit

3.2 Inhaltsangabe

einer Plastiktüte in der Hand über die Straße. Die Szenerie ist im Gegensatz zu der auf dem Werbeplakat düster und grau.

Lou kommt nach Hause und wirft ihre Sachen auf den Boden, um ihre Mutter damit zu provozieren. Madame Bertignac, angezogen und geschminkt, folgt ihrer Tochter. Lou geht in ihr Zimmer und schlägt ihrer Mutter die Tür vor der Nase zu. Anouk schreit Lou zu deren Verblüffung durch die Tür an. Dann fragt sie Lou, was eigentlich los sei. Lou antwortet nicht und denkt, dass auch sie es satthat, allein zu sein, und dass sie auch die Wörter und Experimente satthat. Sie will von ihrer Mutter wahrgenommen und gesehen werden. Anouk fordert Lou vergeblich auf, die Tür zu öffnen. Als Lous Vater nach Hause kommt, fordert er sie freundlich auf, die Tür aufzumachen. Lou öffnet und Bernard umarmt sie und fragt, was los sei. Lou antwortet, dass ihre Mutter sie seit Thaïs' Tod nicht mehr liebt (S. 223). Diese Worte treffen den Vater und er braucht für die Antwort mehrere Minuten. Dann versucht er Lou davon zu überzeugen, dass sie sich irrt, dass ihre Mutter sie sehr liebt. Er appelliert an seine Tochter, noch etwas Geduld zu haben, denn die Mutter sei sehr krank gewesen. Lou lächelt und gibt ihm zu verstehen, dass sie verstanden hat. Überzeugt hat er sie allerdings nicht.

Schlechter Zustand Nos

No und Lou schauen sich vor dem Fernseher das Finale von *Superstar* an. No trinkt Wodka und heuchelt Interesse. Lous Eltern sind im Theater und haben ihrer Tochter erlaubt, bei Lucas zu bleiben. Der ist beim Gitarrenunterricht und noch nicht wieder zu Hause eingetroffen. Lou überlegt eifersüchtig, ob er sich vielleicht mit Léa getroffen hat. Lou fallen die weißen Zähne der Menschen im TV auf und sie befragt No zu ihrer Meinung dazu. No antwortet Lou, dass sie zu viel fragt.

No sieht wieder sehr schlecht aus: Sie ist mager, ihre Augen glänzen fiebrig, ihre Hände zittern. Lou denkt sich, dass No nicht

3.2 Inhaltsangabe

Zwei Welten:
Obdachlose auf
einem wärmenden
Luftschacht vor
einem Schaufenster
mit Luxus-Marken.
© picture alliance/
WOSTOK PRESS/
MAXPPP

3.2 Inhaltsangabe

in der Lage sein wird, nach Irland zu gehen, wenn sie derart weitermacht. Sie bemerkt, dass kaum noch Wodka in der Flasche ist, und versucht No ein wenig abzulenken. Sie erzählt, dass es in Irland Herrenhäuser gibt, Schlösser und eine interessante Landschaft. Darauf fragt No sie, ob sie mitkommt. Lou überlegt, ob das Leben in Irland vielleicht einfacher wäre als hier. Sie überlegt, ob sie No retten könnte, wenn sie mit ihr nach Irland geht, und gibt eine Antwort, die alle Optionen offen lässt (S. 227).

Traumidylle in Irland

Lou imaginiert Loïcs Leben in Irland, in einem großen Haus mit vielen Hunden und Katzen. Sie stellt sich vor, dass er häufig Besuch von Freunden bekommt und mit ihnen gesellig im Garten grillt. In ihrer Phantasie verdient er viel Geld, dass er unbedacht wieder ausgibt. Er habe No Bilder vom Haus geschickt und sie habe ihm geschrieben, dass sie bald kommen werde, wenn sie das Geld beisammen hätte – erzählt No Lou.

No ist eingeschlafen. Lou wüsste gerne, wie viel Geld in Nos Umschlag ist, sie würde sich am liebsten neben No legen und auf etwas warten, dass sie beide schützend einhüllt. Plötzlich steht Lucas vor Lou. Sie hatte ihn nicht hereinkommen hören und würde ihn gerne anbrüllen, warum er so spät nach Hause komme und wo er gewesen wäre.

Lous Einsicht: „Wir sind nicht stark genug." (S. 229)

Lous Vater ruft an und kündigt ihr Kommen in einer halben Stunde an. No wacht auf. Ihr ist übel und sie sagt, dass sie sich übergeben muss. Lucas bringt sie zur Toilette. Lou sieht mehrere Fünfzig-Euro-Scheine aus Nos Hosentasche ragen und weist Lucas darauf hin. Lucas wird wütend, presst No gegen die Wand, schüttelt sie und fragt sie immer wieder, was sie tue. No antwortet nicht. Lou brüllt Lucas an, dass er von No ablassen soll. Schließlich lässt Lucas sie los und sie schlägt sich dabei die Lippe an der Toilette auf. Lucas verlässt das Bad. Lou setzt sich neben die verstörte No und versucht sie mit den Worten, dass alles „nicht so schlimm" (S. 229) sei, zu

3.2 Inhaltsangabe

trösten. Im Grunde aber weiß sie, dass die Situation schlimm ist und dass sie und Lucas No nicht mehr helfen können.

Bevor Lou No kennenlernte, hatte sie gedacht, dass Gewalt sich stets mit Krieg, Blut, Schreien und Schlägen äußert. Nun meint sie zu wissen, dass es auch eine stumme Gewalt gibt.

Lou steigt ins Auto ihrer Eltern, die bereits seit zwanzig Minuten vor Lucas' Haus warten und entsprechend ungehalten sind. Lou spricht nicht mit ihnen. Die Familie fährt nach Hause und obwohl es bereits nach Mitternacht ist, stellt Bernard Bertignac seine Tochter zur Rede. Er fragt sie, warum sie immer bei Lucas sei, warum sie ihre Freunde nie nach Hause einlade, warum er selbst nie Lucas' Wohnung betreten soll und warum er zwanzig Minuten auf sie warten musste. Als Lou nichts zu sagen weiß, fragt er, ob No bei Lucas ist. Lou schaut überrascht auf. Ihr Vater wiederholt die Frage und schließlich gibt Lou zu, dass No bei Lucas lebt. Ihr Vater will wissen, ob dessen Eltern No aufgenommen haben. Lou antwortet, dass Lucas allein lebt (S. 231).

> Lous Vater erfährt alles

Bernard Bertignac ist erschrocken über das, was er gerade erfahren hat. Lou erklärt ihm, dass Lucas' Vater in Brasilien lebt, die Mutter in Neuilly. Lous Vater möchte wissen, warum Lou das verschwiegen hat. Lou antwortet, dass sie befürchtet habe, dass der Vater No in eine Einrichtung bringen würde.

Lou versucht ihrem Vater Nos Situation begreiflich zu machen. Dann wirft sie ihrem Vater Gleichgültigkeit vor: Er und seine Frau sitzen im Warmen, wollen keinen Alkoholiker in der Wohnung haben und schauen sich lieber Ikea-Kataloge an! Ihr Vater nennt sie ungerecht und schickt sie zu Bett.

> Gefühlsausbruch Lous

Lous Mutter kommt aus dem Bad und wird von ihrem Mann kurz und knapp über die Zusammenhänge informiert. Sie schweigt. Die in Tränen aufgelöste Lou möchte von ihrer Mutter in die Arme ge-

3.2 Inhaltsangabe

nommen und getröstet werden, doch ihre Mutter steht mit hängenden Armen da. Für Lou ist das Ausbleiben der ersehnten Geste auch eine Form von Gewalt (S. 234).

Lou läuft fort

Am nächsten Morgen ruft No bei Lou an und fleht sie an zu kommen. Lucas' Mutter wisse Bescheid, sagt sie, sie müsse gehen und alleine schaffe sie es nicht. Lou holt ihre Sportasche und packt. Ihre Eltern sind zum Markt gefahren und Lou überlegt, dass sie sich jetzt aus dem Haus stehlen wird wie ein Dieb. Aber sie will No nicht alleinlassen. Sie setzt sich an den Küchentisch und überlegt Sätze für einen Abschiedsbrief. Letztlich findet sie ihre Worte alle nicht überzeugend und so geht sie, ohne eine Nachricht zu hinterlassen, aus der Wohnung. Dann überkommt sie starkes Herzklopfen, zögernd bleibt sie vor der Tür stehen. Da fällt ihr ein, dass sie ihren Schlüssel in der Wohnung gelassen hat und nicht zurück kann.

Lou holt No ab

Lou eilt zu Lucas, der panisch ist. No sitzt reglos auf dem Bett und schaut Lou bittend an. Lou sucht Nos Kleidung zusammen, zieht sie an und kämmt sie. Anschließend sammelt sie die auf dem Boden liegenden Sachen auf und packt sie in Nos Koffer. Dann macht sie das Bett und öffnet die Fenster, um das Zimmer zu lüften. No steckt den Umschlag mit dem Geld ein, Lou hilft ihr in den Blouson und sagt zu Lucas, dass vermutlich ihr Vater seine Mutter angerufen hat und er sich nun etwas einfallen lassen muss. Lucas' Blick fällt fragend auf Lous Tasche. Sie schweigen. Dann verlässt Lou mit No die Wohnung, ohne sich noch einmal umzusehen.

Lou und No lassen sich in der Stadt treiben

Auf der Straße angekommen, denkt Lou, dass sie nie mehr nach Hause zurückkehren wird, und sieht sich mit No für den Rest ihres Lebens auf der Straße leben. Die beiden Mädchen suchen ein Café auf und No besteht auf einem üppigen Frühstück für beide, das sie selbst bezahlt. Der Wärme wegen bleiben sie und Lou zwei Stunden in dem Café und Lou erinnert sich an die erste Zeit mit

3.2   Inhaltsangabe

No. Dann gehen sie gemeinsam ins Kino, obwohl Lou Bedenken
wegen des Geldes hat. Sie suchen sich einen Film aus, der sie aber
im Grunde nicht interessiert, lassen sich in den Kinosesseln nieder
und essen Popcorn, von dem Lou übel wird. Dann streifen sie durch
das Stadtviertel und No kauft ein: für Lucas, für Lou, für sie beide.
Schließlich lassen sich die beiden am *Fontaine des Innocents* nieder, wo sie eine Waffel essen. Sie beobachten die vorbeigehenden
Menschen und No bittet Lou, deren Biografien zu erfinden. Lou
lässt sich auf dieses Spiel ein und redet und redet. Sie will No zum
Lachen bringen, aber sie will auch vergessen, dass sie von zu Hause
fortgelaufen ist, ohne ihren Eltern eine Nachricht hinterlassen zu
haben. Sie versucht, die Gesichter ihrer Eltern und deren Sorgen
über ihr Ausbleiben zu vergessen. Doch es gelingt ihr nicht.

Lou eröffnet No, dass sie mit ihr zusammen nach Irland gehen
wird. Sie schlägt ihr vor, am nächsten Tag mit dem Zug nach Cherbourg zu fahren, dort Tickets für die Fähre zu kaufen, dann nach
Rosslare überzusetzen und von dort aus mit dem Zug nach Wex-
ford zu fahren. No schaut Lou lange an. Sie weint beinahe. Lou fragt
sie, ob sie damit einverstanden sei und ob sie genug Geld habe.
No bejaht beides und muss versprechen, dass sie sich in den 18
Stunden auf der Fähre nicht übergibt. Lou und No schlagen sich in
die Hände und lachen so laut, dass die Menschen sich nach ihnen
umdrehen. Sie verlassen den Brunnen und streifen weiter durch
die Stadt. Schließlich steigen sie in einem schäbigen Hotel ab. Der
Wirt kennt No und lässt sie im Voraus bezahlen. Zimmer und Bett
sind dreckig und stinken. No geht noch einmal allein hinaus, um
Essen zu besorgen. Lou denkt an ihr Zimmer zu Hause und an ihre
Mutter: Sie vermisst sie. Zu Lous Erleichterung kehrt No mit Essen und Trinken zurück – darunter auch eine Flasche Whisky. No
imitiert Johnny Hallyday, beide amüsieren sich lautstark. Lou fühlt
sich leicht, kriecht zu No ins Bett und löscht das Licht.

Lou will mit
No nach Irland
reisen: Über-
nachtung in
einer Abstéige

3.2   Inhaltsangabe

No verschwindet

Als Lou am nächsten Morgen aufwacht, denkt sie an Lucas und daran, dass Monsieur Marin in der Schule heute ihr Fehlen feststellen wird. No steht erst spät auf, Lou hat inzwischen alles gepackt. Sie verlassen die Absteige und fahren mit der Metro, wo Lou ein Mann mit sonderbarem Verhalten auffällt. Sie denkt, dass man sich in der Metro nur umzuschauen braucht, um zu wissen, dass Menschen straucheln können. Am Bahnhof Gare Saint-Lazare angekommen setzen sich Lou und No in den Warteraum, da der Zug nach Cherbourg erst in zwei Stunden einfahren wird. No sagt Lou, dass sie die Fahrkarten kaufen will, und lässt Lou alleine. Lou wartet auf sie, doch No kehrt nicht zurück. Dann fällt Lou auf, dass Nos Koffer ebenfalls fort ist. Stunden wartet Lou vergeblich auf Nos Rückkehr. Endlich verlässt sie den Bahnhof. In ihrem Kopf rotiert alles, sie streichelt das kleine Opinel-Messer, das Lucas einst verloren hatte und das sie seitdem in ihrer Hosentasche trägt. Sie realisiert, dass No sie verlassen hat und das Leben um sie herum seinen Gang geht. In einem Gedankenstrom rekapituliert Lou Nos Worte seit ihrem Zusammentreffen (S. 246).

Lou wird von ihrer Mutter in den Arm genommen

Lou geht den weiten Weg zu Fuß nach Hause. Sie lenkt sich weder mit dem Zählen von Ampeln noch mit anderen Dingen ab. Ihr ist klar, dass sie eine wichtige Erfahrung gemacht hat, die sie verändern wird. Zu Hause angekommen klingelt Lou an der Tür. Ihre Mutter öffnet im aufgelösten Zustand. Als sie Lou in der Tür stehen sieht, bringt sie kein Wort hervor, dann zieht sie die Tochter an sich und weint. Schließlich erzählt sie Lou von ihrer Angst um sie und geht ins Wohnzimmer, um ihren Mann anzurufen, der bei der Polizei ist.

Loïc hat No nie geschrieben

Einige Wochen später gehen Lou und Lucas in den Supermarkt zu Geneviève (S. 248). Lou möchte wissen, ob No ihr vielleicht inzwischen eine Karte aus Irland geschickt habe. Geneviève erzählt, dass

3.2 Inhaltsangabe

sie keine Karte bekommen hat, dass Loïc tatsächlich nach Irland gegangen war und No versprochen hatte zu schreiben – was er jedoch nie getan habe.

Es ist der letzte Schultag. Monsieur Marin beendet den Unterricht eine Viertelstunde früher, damit die Schüler die Klasse aufräumen können. Im neuen Schuljahr wird Lucas zu seiner Mutter nach Neuilly ziehen und Lou hat versprochen, Lèa Germains nächste Geburtstagsparty zu besuchen. Monsieur Marin wird in den Ruhestand gehen. Lou schaut aus dem Fenster und fragt sich, ob die Menschen wirklich so klein seien, dass sie nichts ausrichten könnten.

Die Schüler verabschieden sich von ihrem Lehrer. Als Lou ebenfalls gehen will, spricht er sie an und schenkt ihr ein altes, in Packpapier eingeschlagenes Buch. Lou öffnet das Papier und liest den Eintrag „Pierre Marin, 1954" (S. 250). Monsieur Marin sagt, dass das Buch, als er ein junger Mann war, sehr wichtig für ihn gewesen ist. Lou ist eingeschüchtert und weil sie nicht weiß, was sie sagen soll, dankt sie ihm mehrmals. Als sie auf die Tür zugeht, sagt er zu ihr: „Geben Sie nicht auf." (S. 250)

Ermutigung

Geneviève ist in ihre Fleischabteilung zurückgekehrt. Lou schaut ihr traurig nach. Lucas streicht ihr sehr zart mit der Hand über ihr Gesicht, dann geben sie sich einen Zungenkuss.

3.3 Aufbau

Die Handlung des Romans ereignet sich von Herbst bis Frühjahr des nicht genannten Folgejahres. Der Roman setzt in medias res, also unmittelbar ein und konstituiert sich aus erzählerischer Gegenwart und aufbauenden Analepsen (Rückblenden). Die Chronologie der *story* entspricht nicht der narrativen Chronologie: Diese ist anachronisch strukturiert. Schauplatz der Handlung ist überwiegend Paris.

Die Grundstruktur der Handlung (story):

→ Die Schülerin Lou Bertignac lernt die obdachlose Nolwenn (No) Pivet kennen
→ Die beiden Mädchen freunden sich an
→ No wird von den Bertignacs aufgenommen
→ No wird von ihrer Mutter abgewiesen
→ Nos Alkohol- und Medikamentensucht eskaliert
→ No muss die Bertignacs verlassen
→ No zieht vorübergehend zu Lucas Muller
→ Lou will mit No nach Irland reisen und wird von ihr verlassen

Die oben schematisch dargestellte *story* und der die Handlung erklärende *plot* werden von de Vigan nicht in einer zeitlichen Kontinuität erzählt. Durch die Verwendung von Analepsen[17] dissoziiert de Vigan den Ablauf der Ereignisfolge in verschiedene Zeitebenen.

---

17 Analepse: Rückblenden. Die Geschichte wird damit anachronisch erzählt.

3.3 Aufbau

story und *plot* in der Literaturwissenschaft

Mit den Begriffen *story* und *plot* werden zwei Ebenen benannt und unterschieden. Auf der einen Seite steht die *story*. Sie umfasst zwar **alle einzelnen Ereignisse, Geschehnisse und Handlungen, betrachtet diese aber als unverknüpft und unverbunden,** sodass unter dieser Betrachtungsweise die einzelnen Elemente nur als (chronologische) Reihe angesehen werden können. Mit anderen Worten: Die *story* beschreibt die Folge der Ereignisse, das Was.

story und *plot*

Dem steht die Ebene des *plots* gegenüber: Der *plot* umfasst dieselben Einzelelemente, allerdings **in einer je spezifischen Verknüpfung.** Arten solcher *plot*-Verknüpfungen sind u. a. kausale Zusammenhänge, aber auch Motivationen von Handlungen aus dem Charakter von Figuren, also das Warum.

Die narrative Chronologie in *No & ich* entspricht also nicht der der *story*. Die narrative Chronologie ist **nicht chronologisch** strukturiert, d. h. die chronologische Ordnung der Ereignisfolge ist umgestellt, der Roman konstituiert sich aus einer Kombination aus erzählerischer Gegenwart und Analepsen. Mit der Analepse wird ein Ereignis nachträglich dargestellt, das zu einem früheren Zeitpunkt stattgefunden hat als dem, bei dem sich die Erzählung gegenwärtig befindet.[18]

Erzählerische Gegenwart und Analepsen

Bei den Analepsen wird unterschieden zwischen aufbauenden und auflösenden Analepsen. Bei letzteren wird am Ende der Erzählung ein zunächst lückenhaft dargestelltes Ereignis nachträglich so vervollständigt, dass das bislang Erzählte in einem neuen Licht erscheint. Aufbauende Analepsen sind solche, die durch die nach-

---

18 Ein weiteres narratives Mittel des anachronischen Erzählens ist die Prolepse, mit der ein zukünftiges Ereignis vorwegnehmend erzählt wird. Prolepsen erscheinen in *No & ich* nicht.

3.3 Aufbau

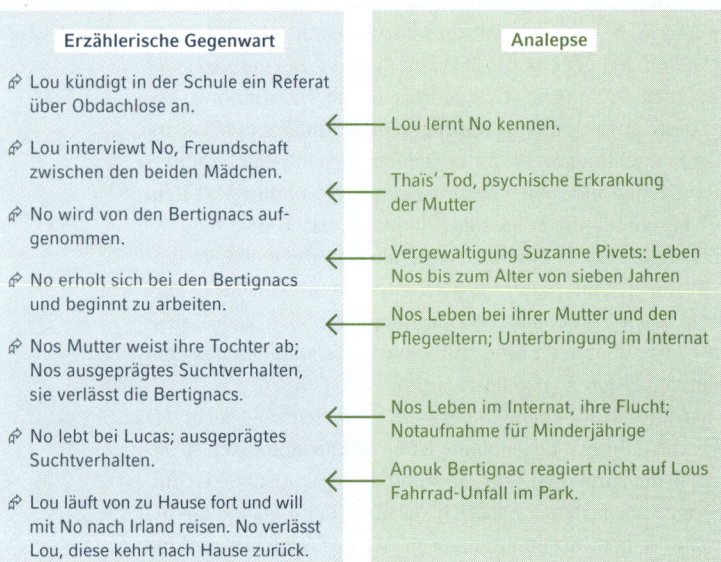

Erzählerische Gegenwart	Analepse
↗ Lou kündigt in der Schule ein Referat über Obdachlose an.	
↗ Lou interviewt No, Freundschaft zwischen den beiden Mädchen.	← Lou lernt No kennen.
↗ No wird von den Bertignacs aufgenommen.	← Thaïs' Tod, psychische Erkrankung der Mutter
↗ No erholt sich bei den Bertignacs und beginnt zu arbeiten.	← Vergewaltigung Suzanne Pivets: Leben Nos bis zum Alter von sieben Jahren
↗ Nos Mutter weist ihre Tochter ab; Nos ausgeprägtes Suchtverhalten, sie verlässt die Bertignacs.	← Nos Leben bei ihrer Mutter und den Pflegeeltern; Unterbringung im Internat
↗ No lebt bei Lucas; ausgeprägtes Suchtverhalten.	← Nos Leben im Internat, ihre Flucht; Notaufnahme für Minderjährige
↗ Lou läuft von zu Hause fort und will mit No nach Irland reisen. No verlässt Lou, diese kehrt nach Hause zurück.	← Anouk Bertignac reagiert nicht auf Lous Fahrrad-Unfall im Park.

trägliche Ergänzung von Ereignissen einen **Handlungszusammenhang** entstehen lassen. De Vigan arbeitet mit aufbauenden Analepsen.

Aufbauende Analepsen

Eine aufbauende Analepse zeigt sich in *No & ich* schon früh. Der Roman beginnt in medias res: Lou wird von Monsieur Marin wegen eines Referates angesprochen. In ihrer Bedrängnis erklärt sie, über eine obdachlose junge Frau referieren zu wollen, die sie am Vortag getroffen habe (S. 9–12). Aus der sich anschließenden Analepse erschließt sich, dass Lou am Vortag am Bahnhof No kennengelernt hatte (S. 13–18). **Auf diese Art erschließt sich für den Leser der**

3.3 Aufbau

oben genannte Handlungszusammenhang. Weitere aufbauende Analepsen sind z. B. die erzählerische Darstellung von Nos früher Kindheit oder die Schilderung von Thaïs' Tod. Diese Kombination aus erzählerischer Gegenwart und aufbauender Analepse, also der Darstellung von in der Vergangenheit liegenden Ereignissen, die außerhalb der eigentlichen Romanhandlung liegen, diese aber begreiflich werden lassen, konstituiert die Romanstruktur.

3.4 Personenkonstellation und Charakteristiken

Lou Bertignac
→ 13 Jahre alt, sehr intelligent
→ einsam, möchte die Welt verbessern

Nolwenn Pivet (No)
→ 18-jährige Obdachlose
→ wird auf Lous Betreiben von den Bertignacs aufgenommen
→ scheitert an sich und ihren Süchten

Lucas Muller
→ 17-jähriger Mitschüler von Lou
→ wird sich selbst überlassen und lebt alleine
→ in Lou verliebt

Anouk Bertignac
→ Lous Mutter, depressiv nach Tod der Tochter Thaïs
→ findet durch No ins Leben zurück

Bernard Bertignac
→ Lous Vater
→ hält die Familie zusammen

Wichtige Nebenfiguren sind:
Suzanne Pivet
→ Nos Mutter
→ behandelt No grausam

3.4 Personenkonstellation und Charakteristiken

Pierre Marin
→ Lous Lehrer
→ schätzt und unterstützt Lou

Léa Germain und Axelle Vernoux
→ Freundinnen
→ Klassenkameradinnen Lous

Hauptfiguren

Lou Bertignac

Die 13-jährige Lou Bertignac ist die **Tochter von Anouk und Ber-**   Isoliert
nard Bertignac und fühlt sich als Außenseiterin:

> „Mein ganzes Leben lang habe ich mich außerhalb gefühlt, wo
> auch immer, außerhalb des Bilds, außerhalb des Gesprächs, ne-
> ben der Situation, als könnte ich als Einzige Geräusche oder
> Worte hören, die die anderen nicht wahrnehmen, wäre dabei
> aber taub für die Worte, die die anderen anscheinend hören,
> als wäre ich außerhalb des Rahmens oder auf der anderen Seite
> einer riesigen unsichtbaren Glaswand." (S. 17)

Das Gefühl der Isolation lässt sie defensiv sein, sei es bei der Psy-   Sozial ängstlich
chologin Madame Cortanze, die sie ihrem Vater zuliebe konsultiert
und mit der sie aus Höflichkeit kooperiert (S. 49), oder später bei
dem Obdachlosen Roger, dessen sich in einem bedenklichen Zustand befindende Wurst sie nur deshalb isst, weil sie fürchtet, ihn
mit einer Ablehnung zu verärgern (S. 57). **Sozialen Situationen
fühlt sie sich nicht gewachsen**, so kneift sie vor Partys und nimmt

3.4   Personenkonstellation und Charakteristiken

klaglos die Folgen hin (S. 32–34). Dabei wünscht sie sich, so zu sein
wie die durchschnittlichen jungen Leute:

> „Ich möchte einfach nur wie die anderen sein, ich beneide sie
> um ihre Gewandtheit, um ihr Lachen, um ihre Abenteuer, ich
> bin sicher, sie besitzen etwas, das ich nicht habe, ich habe im
> Wörterbuch lange nach einem Wort gesucht, das die Leichtigkeit,
> die Unbekümmertheit, die Zuversicht und all das ausdrückt, ein
> Wort, das ich mir ins Heft kleben würde, in Großbuchstaben, wie
> eine Beschwörung." (S. 52–53)

**Familientrauma:
Tod von Thaïs**

Ihre Lebensangst erschwert ihr auch anfangs einen engeren Kontakt zu ihrem Klassenkameraden Lucas Muller, den sie sehr mag,
was sie typischerweise mathematisch formuliert (S. 21). **Lou fühlt
sich allein in der Welt** und in einem gewissen Sinn ist sie es auch,
denn ihre Mutter verharrt nach dem Tod der kleinen Thaïs in einem
tiefen Schmerz, der sie emotional hat einfrieren lassen. Darunter
leidet Lou sehr (S. 54). Ein ihre Kindheit prägendes Erlebnis ist
ihr Fahrradunfall und die apathische Reaktion ihrer Mutter darauf
(S. 213–215). Die Appelle ihres Vaters, Geduld mit der Mutter zu haben, hört sich Lou an, doch sie weist ihrer Mutter auch eine gewisse
Schuld an den bedrückenden Zuständen zu und treibt durchaus ihre Spielchen mit ihr (vgl. S. 221). Lou kann ihrer Mutter gegenüber
aber auch äußerst loyal sein, so weist sie ihre Tante Sylvie zurecht,
als die Anouk Bertignac auffordert, sich endlich zusammenzuneh-
men (S. 83).

**Emotional
ausgehungert**

Nichtsdestotrotz leidet die emotional ausgehungerte Lou sehr
unter den häuslichen Verhältnissen, unter ihrer depressiven Mutter
und der Verzweiflung ihres tapferen Vaters. **Sie sehnt sich nach
Gefühlen** und so geht sie häufig zur Gare d'Austerlitz (S. 13–15), wo

3.4 Personenkonstellation und Charakteristiken

sie die Menschen und ihre Gefühle beobachtet und wo sie schließlich No kennenlernt.

Lou Bertignac ist überdurchschnittlich intelligent und sehr phantasievoll. Bereits im Kindergarten konnte sie lesen, in der Schule hat sie zwei Klassen übersprungen, in ihrer derzeitigen Klasse wird sie *das Hirn* genannt (S. 27). Sie liebt ideale Ordnungen und perfekte Strukturen, so hat sie eine „Leidenschaft für Ameisen" (S. 156) und interessiert sich sehr für Astronomie: An ihrer Zimmerdecke ist ein künstlicher Himmel mit phosphoreszierenden Sternen angebracht (S. 123). Lou entwickelt zahlreiche eigene Theorien (S. 49) und führt zu Hause merkwürdige Experimente zu allem Möglichen durch (S. 75). Auf den ersten Blick sind diese Experimente Ausdruck einer gewissen Wissbegierde, ihr eigentlicher Zweck aber dürfte eine **Reaktion auf einen Kontrollverlust** sein, den sie durch Thaïs' Tod erfahren musste. Letztlich sind diese Experimente Zwangshandlungen, mit denen Lou ihre Welt zusammenhält und sich die Kontrolle darüber vorgaukelt. Ähnlich einer **Zwangshandlung** versucht sie alles zu kategorisieren, einzuordnen oder zu zählen.

> Sehr intelligent und die Jüngste in der Klasse

Ihre Phantasie lässt Lou über die extravagante Frisur ihrer Therapeutin staunen (S. 49) und die Beziehung zwischen No und Loïc verklären (S. 204), wobei auch eine gewisse Naivität eine Rolle spielen mag. Ihre Phantasie und auch Mitleid mit No lassen in Lou den Wunsch wachsen, No von der Straße zu holen. Nicht zuletzt ist auch die Auflehnung gegen „*die Dinge*" Motivation, No helfen zu wollen:

„[...] wenn wir beschlössen, dass *die Dinge* anders sein können, auch wenn es sehr schwierig ist und immer schwieriger, als man denkt." (S. 105)[19]

---

19 Siehe dazu Kapitel 6., Prüfungsaufgaben, Aufgabe 3, S. 131.

3.4 Personenkonstellation und Charakteristiken

Macht ihre
Phantasie
zur Realität

Dabei neigt Lou dazu, ihre Phantasien zur Realität zu machen, wobei sie eine Abhängigkeit Nos von ihr imaginiert, die es so nicht gibt. Lou ist in dieser Beziehung die Abhängigere, denn ihre erste Begegnung mit No war eine Offenbarung für sie, zum ersten Mal fühlt sie sich in einer sozialen Situation wohl:

> „Aber gestern war ich dabei, bei ihr, ich bin sicher, man hätte einen Kreis um uns ziehen können, einen Kreis, aus dem ich nicht ausgeschlossen gewesen wäre, einen Kreis, der uns beide umfing und uns für einige Minuten vor der Welt schützte." (S. 17)

Außerdem ist No eine Art Katalysator für Lous Beziehung zu Lucas, mit dem sie später zusammenkommen wird. In der Freundschaft mit No und Lucas ist Lou nicht mehr einsam, was eine tolle Erfahrung für sie ist (S. 139). Sie will No keinesfalls verlieren und wird deshalb ihren Eltern gegenüber unaufrichtig. Die **Abhängigkeit von No** lässt sie die Augen vor der Realität, dem erneuten Absturz Nos, verschließen, was Lucas treffend formuliert: „Du machst es dir nicht klar, Krümel, du willst es dir nicht klarmachen." (S. 207) Mehr noch, sie verkehrt dieses Abhängigkeitsverhältnis und versteigt sich dazu, mit No nach Irland verschwinden zu wollen: „Vielleicht ist das Leben in Irland einfacher. Vielleicht wäre sie gerettet, wenn ich mit ihr ginge." (S. 227)

Erkenntnis

Sie wäre tatsächlich mit No nach Irland verschwunden, wenn No vor der Abfahrt am Bahnhof nicht einfach gegangen wäre. Dadurch lernt Lou, dass ihre Phantasie bzw. Imagination und die Realität nicht zwangsläufig übereinstimmen müssen:

> „Mir war gerade etwas passiert. Etwas, dessen Sinn ich begreifen musste, dessen Tragweite ich erfassen musste, fürs ganze Leben." (S. 247)

3.4 Personenkonstellation und Charakteristiken

Und sie hat gelernt, dass sie gewisse „*Dinge*" manchmal wohl akzeptieren muss.

Nolwenn (No) Pivet

Nolwenn Pivet ist **eine verlorene Seele** und der Zustand ihres Zimmers bei den Bertignacs deren Spiegel (S. 179). Wie konnte es zu dieser Verlorenheit kommen? Diese Frage kann beispielsweise mit dem „Konzept der erlernten Hilflosigkeit" von Martin Seligman[20] beantwortet werden. Nach diesem Konzept verliert ein Lebewesen, das traumatischen Bedingungen ausgesetzt ist, die es nicht kontrollieren kann, das Vermögen zu handeln. Wenn es sich später erneut mit solchen Bedingungen konfrontiert sieht, handelt es nicht. Und wenn es doch handelt und dadurch seine Situation verbessert, so führt es diese Verbesserung nicht auf sein eigenes Handeln zurück.[21] Diese Menschen können sich nicht selbst helfen, **solche Menschen sind auch nicht in der Lage zu vertrauen.** Dies alles trifft auf die Romanfigur No zu.

Erlernte Hilflosigkeit

Nos Verhängnis ist ihre **Zeugung durch Vergewaltigung**; das von ihr nicht zu kontrollierende Trauma ist das Leben mit ihrer grausamen Mutter, von der sie mit erschreckender Rohheit behandelt wird (vgl. S. 146). Um dieses Leben durchzustehen, versucht No sich unsichtbar zu machen (S. 146). Streiten sich die Mutter und ihr Lebensgefährte, der sich liebevoll um No kümmert, „verstand No, dass es um sie ging" (S. 146–147). No fühlt sich schuldig und möchte ihre Mutter trösten, woraufhin sie zurückgestoßen und einmal sogar körperlich dabei verletzt wird (S. 147). Diese Behandlung verstärkt **Nos Schuldgefühle**, und als ihre Mutter später dem Alkohol

Grausame Mutter – Nos Schuldgefühle

---

20 Martin E. P. Seligman (*1942), amerikanischer Psychologe.
21 Tewes, Uwe, Wildgrube Klaus: *Psychologie-Lexikon*. München, Wien: Oldenbourg, 1999, S. 110.

1 SCHNELLÜBERSICHT   2 DELPHINE DE VIGAN:
LEBEN UND WERK   3 TEXTANALYSE UND
-INTERPRETATION

3.4   Personenkonstellation und Charakteristiken

vollkommen verfällt, kümmert sich No um sie – ohne Rücksicht auf sich selbst und zu Lasten ihrer schulischen Zukunft.

Mangelndes Selbstwertgefühl

Als No eines Nachts sieht, wie ihr einziger Beschützer die Familie verlässt, ist das ein weiterer Schock für sie: Seitdem hat sie Angst vor der Nacht (S. 149). Nun ist sie allein ihrer Mutter ausgeliefert; keine liebenden Großeltern mehr, kein hilfreicher „Ersatzpapa" mehr. Suzanne wiederum versinkt in Selbstmitleid und Alkohol (S. 148). Von ihr lernt No das Trinken, denn „Alkohol beschütze sie" (S. 226), wird sie Lou später erklären. Von ihrer Mutter hat sie nicht nur das Trinken gelernt, sondern auch, dass sie selbst nichts wert ist. Ihr Mangel an Selbstwertgefühl lässt sie später offensichtlich in die Prostitution abgleiten (vgl. S. 228).

Pflegefamilie, Erziehungsheim

Als No mit zwölf Jahren von dem Ehepaar Langlois aufgenommen wird, sind die Würfel schon gefallen, und zwar zuungunsten Nos. Sie, die bei den Langlois' gut aufgehoben ist, **kann kein bürgerlich-angepasstes Leben mehr führen** und pfeift auf die Schule. Mehrmals reißt sie aus und kommt schließlich in ein Internat, das gleichzeitig ein Erziehungsheim ist (S. 149). Das Weglaufen und ihr unkontrollierter Alkoholkonsum werden in der Folge **das für No typische Verhaltensmuster** werden. Im Internat freundet sie sich mit Geneviève an und sie treibt sich mit Loïc herum, von dem sie weiß, dass er ein mieser Kleinkrimineller ist (S. 203). Im Gegensatz zu Geneviève, die ihr Leben wieder in den Griff bekommt, **macht No keinen Schulabschluss und läuft wieder weg**. In Paris betrinkt sie sich mit einem wildfremden Mann bis zur Alkoholvergiftung:

> „Erst kamen die Sanitäter, dann die Polizei, und so landete sie in einer Notaufnahmestelle für Minderjährige im Vierzehnten Arrondissement, einige Wochen oder Monate, bevor ich sie kennenlernte." (S. 204)

3.4 Personenkonstellation und Charakteristiken

Als Lou und No sich kennenlernen, **ist No 18 Jahre alt, alkohol-abhängig und obdachlos**, also am Ende. Entsprechend ist ihr Äußeres (vgl. S. 14 oder S. 24). Doch unter all diesem Schmutz ist sie hübsch, wie Lou immer wieder feststellt. Außerdem besitzt No einen bizarren Stolz, der sich beispielsweise in ihrem Umgang mit Lou vor der Suppenküche in der Rue Clément zeigt (S. 90–91). Dieses Verhalten erstaunt umso mehr, wenn man sich vergegenwärtigt, welchen Umgang sie sonst hat (S. 56–57). Natürlich speist sich dieser Stolz aus Verzweiflung. Er ist Fassade, in die sie viel Kraft investiert. Denn die Gegenwart von Lou führt ihr eine andere mögliche Welt vor Augen. Immer allerdings kann No ihre Fassade nicht aufrechterhalten, wie ihre Reaktion auf die sich um eine Zigarettenkippe prügelnden Frauen zeigt (S. 64): „[...] siehst du, das wird aus einem, sagt sie dann, ein Tier, ein verdammtes Tier."

Obdachlos

Als sie von den Bertignacs aufgenommen wird, verhält sich No zunächst wie ein **scheues Tier** (S. 118). Interessanterweise steht sie häufig am Fenster und schaut auf die Stadt hinab wie auf einen Sehnsuchtsraum.[22] Dann, als es ihr physisch und psychisch bessergeht, beginnt sie sich sozial zu verhalten: Sie beteiligt sich an der Hausarbeit oder kauft mit Lou ein (vgl. S. 134). Damit zeigt sie sich anders als bei Geneviève, die sie lediglich ausnutzte (S. 86). No sucht sich sogar eine Arbeit und ihre Wiedereingliederung in die soziale Gemeinschaft hätte gelingen können, wenn sie an einen anderen Chef geraten wäre. Und wenn sie von ihrer Mutter als Kind Vertrauen, Respekt und Liebe hätte lernen können: „Sie mag die Erwachsenen nicht, sie traut ihnen nicht." (S. 57–58)

Unfähig zu vertrauen

Nos ganze Verletzlichkeit zeigt sich in der mehrfach von ihr gestellten Frage, ob sie und Lou nun „zusammen" seien (S. 134). Als sie Probleme mit ihrem sie ausbeutenden Arbeitgeber bekommt,

„zusammen"

---

22 Dazu siehe Kapitel 3.6, Stil und Sprache, Themen und Motive, Motiv „Fenster".

3.4 Personenkonstellation und Charakteristiken

teilt sie sich nicht vertrauensvoll den Bertignacs mit, Lou gegenüber ergeht sie sich lediglich in Andeutungen (S. 182). Sie sucht sich auch keinen anderen Job, womit sie ihre Situation aktiv hätte verbessern können, sondern verfällt in das von ihrer Mutter erlernte **Verhaltensmuster: No trinkt und kombiniert den Alkohol mit Psychopharmaka**, die sie ausgerechnet Anouk Bertignac stiehlt.

Passive No

Die abermalige wortlose Zurückweisung durch ihre Mutter (S. 166–169) gibt No den Rest und löst den erneuten Absturz aus, der sich quasi wie in einem Zeitraffer vollzieht. Begünstigt wird diese fatale Entwicklung durch die Reise der Bertignacs zu Lous Tante Sylvie (S. 170–171). No fühlt sich in dieser schwierigen persönlichen Situation wieder sich selbst überlassen und konsumiert, obwohl sie sich an die Verhaltensvorgaben von Bernard Bertignac halten wollte, exzessiv Alkohol und Medikamente. **Sie weiß, dass sie einen Fehler macht, doch sie kann nicht anders.** Als die Bertignacs wieder zurück sind und ihr Fehlverhalten entdeckt haben, verhält sich No wie einst bei ihrer Mutter: sie fühlt sich schuldig und versucht sich möglichst unsichtbar zu machen (S. 186). Auch an ihre Sozialarbeiterin wendet sie sich nicht.

No und Lucas

Angesichts einer Suchttherapie, mit der Bernard Bertignac ihr helfen lassen möchte, läuft sie bei den Bertignacs fort und nistet sich bei Lucas Muller ein. Dort hat sie wieder ein Dach über dem Kopf und **beginnt durch ihr Verhalten wiederum Lucas' Leben zu ruinieren** (S. 207). Die letzte Flucht führt No zurück auf die Straße. Aus Angst vor Lucas' Mutter verlässt sie überstürzt dessen Wohnung: Passiv wie immer und nur mit der Hilfe von Lou, die ihre Sachen zusammenpackt und ihr die Umsetzung ihres Traums Irland erst ins Ohr gesetzt hat. Und, Lou will sie auch noch auf ihrer Reise nach Irland begleiten.

Flucht

In dieser Situation ist sie Lou gegenüber von einer beinahe rührenden Dankbarkeit (S. 238–239) und verschwendet doch kei-

3.4   Personenkonstellation und Charakteristiken

nen Gedanken daran, dass die Bertignacs, die ihre Wohltäter waren, sich wegen Lous Verschwinden ängstigen. Schließlich lässt sie Lou am Bahnhof sitzen, da sie genau weiß, dass sie die **Illusion vom auf sie in Irland wartenden Loïc** nicht aufrechterhalten kann – denn er hat ihr entgegen ihren Behauptungen nie geschrieben (vgl. S. 248). Vielleicht wird ihr aber auch klar, dass sie es letztlich nicht verantworten kann, Lou mit in ihren Sumpf zu ziehen.

No ist die tragische Figur des Romans. Sie hat die Bertignacs wieder zusammengeführt und indirekt dafür gesorgt, dass Lou und Lucas ein Paar werden. Sie selbst kann das Gute, das ihr durch die Bertignacs und Lucas widerfahren ist, ihrer erlernten Hilflosigkeit wegen nicht halten und landet wieder in der Gosse, also auf der Straße.

Tragische Figur No

Lucas Muller

Lucas Muller ist 17 Jahre alt, sammelt Opinel-Messer[23] (S. 129) und ist ein Klassenkamerad Lous. Sie beschreibt ihn wie folgt:

> „Er ist ein besonderer Junge. Das wusste ich gleich. Nicht nur wegen seines widerborstigen Aussehens, seiner Verächtlichkeit und des Macker-Gehabes. Wegen seines Lächelns. Es ist ein Kinderlächeln." (S. 36)

In der Regel setzt Lucas allerdings einen trotzigen Gesichtsausdruck auf, was sicherlich seinen Lebensumständen geschuldet ist, denn seine Eltern haben ihn mehr oder weniger **sich selbst überlassen** (S. 128). Lucas hätte also allen Grund, sich enttäuscht von ihnen abzuwenden, doch er verurteilt sie nicht, folgt man seiner überlegten Antwort auf Lous Frage, ob es ihre Kinder nicht liebende

Leistungs-verweigerer: Vater in Rio, Mutter bei ihrem neuen Freund

———

23   Französische Klappmesser, die international bekannt sind.

3.4   Personenkonstellation und Charakteristiken

Eltern gibt: „Ich weiß nicht, Krümel. Ich glaube nicht. Ich glaube, es ist immer komplizierter, als man denkt. " (S. 159) Diese Haltung bewahrt ihn nicht vor Enttäuschungen. So ist er „sauer" (S. 163), als er seiner Mutter Lou vorstellen möchte, diese aber wieder einmal an jenem Wochenende nicht kommt. **Lucas reagiert auf sein Alleinsein mit Leistungsverweigerung in der Schule** (S. 102), der er durchgängig mit Verachtung begegnet:

> „Weit zurückgelehnt und mit verschränkten Armen sitzt er auf seinem Stuhl, in Beobachterposition, als wäre er nur zufällig, aufgrund einer fehlerhaften Wegbeschreibung oder eines Irrtums der Verwaltung, hier gelandet." (S. 19)

Selbstbewusst

Der manchmal demütigenden Behandlung durch seinen Lehrer Pierre Marin begegnet er gelangweilt-gleichmütig (S. 77). Angst hat er nicht vor ihm, denn er ist selbstbewusst:

> „Er weiß, dass alle Mädchen auf der Schule verrückt nach ihm sind, er weiß, dass Monsieur Marin ihn respektiert, auch wenn er ihn andauernd kritisiert, er weiß, wie wenig wir die Zeit beherrschen und dass die Welt nicht rundläuft." (S. 96)

Einmal allerdings verlässt ihn seine Lässigkeit (S. 206). Da lebt No schon bei ihm und **bringt ihn durch ihr Verhalten an seine Grenzen**.

Wirbt um Lou

Lucas Muller ist ein sensibler Junge und präziser Beobachter (vgl. S. 144). Von Lou, die er „Krümel" nennt, und ihrer Zartheit ist er fasziniert (S. 20). Sein Verhalten ihr gegenüber ist sehr freundlich und aufmerksam, so ermutigt er sie beispielsweise angesichts des ihr bevorstehenden Referats (S. 36). Seine Sensibilität und Phantasie zeigen sich, als er um sie zu werben beginnt, kombiniert mit einer

3.4 Personenkonstellation und Charakteristiken

etwas übersteigerten Ritterlichkeit und ausgeprägter Hartnäckigkeit: Wenn sie groß ist, will er sie „an einen Ort mitnehmen, an dem die Musik so schön ist, dass man auf der Straße tanzt" (S. 158). Als Lou von Gauthier de Richemont auf dem Schulhof angerempelt wird und dieser sich nicht entschuldigt, verprügelt Lucas ihn beinahe.

Nachdem Lou Nos Aufnahme in die Familie erreicht hat, zeigt Lucas seine Qualitäten. Er unterstützt sie, wann immer er gebraucht wird, und ist ihr ein guter Freund. Zwar zeigt er anfangs eine gewisse Skepsis, doch **Lous Haltung imponiert ihm**, wie folgender Dialog zwischen ihm und Lou zeigt: — Unterstützt Lou

> „‚Manche Leute sagen, Menschen, die auf der Straße leben, wären kaputt. Nach einiger Zeit könnten sie nicht mehr normal leben.'
> ,Es ist mir egal, was man sagt.'
> ,Ich weiß, aber ...'
> ,Genau, das ist das Problem, die *Abers*. Wegen der *Abers* tut man nie was.'
> ,Du bist ganz klein, und du bist ganz groß, Krümel, und du hast vollkommen recht.'" (S. 121)

Letztlich jedoch behält Lucas mit seiner skeptischen Haltung recht. No gegenüber zeigt er sich zunächst hilfsbereit und aufgeschlossen. Er lässt sie, die er überhaupt nicht kennt und die vollkommen verdreckt vor ihm steht, in seiner Wohnung baden und versorgt sie mit Kleidung (S. 112–113). In der Folge lädt er No und Lou zu sich ein und verhält sich charmant und humorvoll (vgl. S. 139 und S. 144). Als No dann von den Bertignacs wegläuft und vor seiner Tür steht, weist er sie nicht ab, sondern nimmt sie auf und informiert nur Lou darüber (S. 194). **Anfangs genießt er zusammen mit Lou sein konspiratives Tun** und kümmert sich um No — Fürsorglich

3.4 Personenkonstellation und Charakteristiken

wie um ein zugelaufenes kleines Tier (S. 200). Angesichts der immer schwieriger werdenden No kommt er allerdings schnell zu der realistischen Einschätzung, dass sie No nicht mehr helfen können (S. 201). Zum Schluss kann er nur noch reagieren; so schüttet er zwei Flaschen Wodka in die Spüle (S. 198), obwohl er weiß, dass dies eigentlich sinnlos ist und an Nos Zustand nichts mehr ändert.

No bringt Lucas langsam aber sicher an den Rand seiner Beherrschung: In aller Öffentlichkeit schreit er sie in einer Brasserie an (S. 218) und er verlässt nach Marins Rausschmiss das Klassenzimmer ohne ein Wort: „Das ist nicht seine Art." (S. 206) Als er bemerkt, dass No sich prostituiert, verliert er schließlich komplett die Fassung (S. 228). Panisch reagiert er, als er erfährt, dass Lous Vater vermutlich seine Mutter informiert und über Nos Dasein in Kenntnis gesetzt hat. Als er sieht, dass Lou mit No weggehen will, reagiert er hilflos (S. 237): „Die Frage stand im Raum, sie schwebte unausgesprochen zwischen uns, was machst du, Krümel, wohin gehst du, ich hielt seinem Blick stand, er wirkte hilflos."

Kommt mit Lou zusammen

Als alles vorbei ist, zeigt er sich großmütig und verzeiht Lou, dass sie No den Vorzug geben wollte. Er begleitet sie zu einem Treffen mit Geneviève. Schließlich werden er und Lou ein Paar (S. 251). **Lucas' Lebensumstände ändern sich im nächsten Schuljahr**: Seine Mutter will ihn zu sich nach Neuilly holen und die Wohnung, die er zuletzt allein bewohnte, verkaufen (S. 249).

Anouk Bertignac

„Meine Mutter weiß etwas, das man nicht wissen sollte. Und deshalb ist sie berufsunfähig, das steht in ihren Versicherungsunterlagen, sie weiß etwas, das sie am Leben hindert, etwas, das man erst wissen sollte, wenn man sehr alt ist." (S. 100)

3.4 Personenkonstellation und Charakteristiken

Anouk Bertignac ist Lous Mutter und weiß von großem Leid und Schmerz: Sie hat ihr geliebtes Baby Thaïs verloren (S. 47), ein Kind, das sie sich sehr gewünscht hatte (S. 43). Dieses Unglück erschüttert Anouk Bertignac so sehr, dass sie an schweren Depressionen erkrankt:

Verliert ihr Baby

> „Meine Mutter wurde krank. Wir sahen, wie sie sich ganz langsam entfernte, doch wir konnten sie nicht zurückhalten, wir streckten die Hand nach ihr aus, doch wir konnten sie nicht erreichen, wir schrien, doch sie schien uns nicht zu hören. Sie sprach nicht mehr, sie stand nicht mehr auf, sie blieb den ganzen Tag im Bett, oder sie saß in dem großen Sessel im Wohnzimmer und döste vor dem Fernseher." (S. 49)

Anouk Bertignac zieht sich komplett von ihrer Familie zurück, Lou scheint sie kaum noch bewusst wahrzunehmen. Als die Neun- oder Zehnjährige mit dem Fahrrad verunglückt, bemerkt es Anouk nicht und hört auch nicht das Weinen ihrer Tochter (S. 213–215). Schließlich wird Anouk „in ein auf schwere Depressionen spezialisiertes Krankenhaus" (S. 50) aufgenommen, wo sie Monate bleibt. **Auch Jahre danach ist Anouk Bertignac nicht mehr die Frau, die sie einmal war**: Sie verlässt die Wohnung nicht mehr (S. 12), sie nimmt nicht am gemeinsamen Familienessen teil (S. 41). Gleichwohl versucht sie, sich um Lou zu kümmern, was für sie jedoch eine große Kraftanstrengung bedeutet (vgl. S. 74–75).

Depressiv

In Gesellschaft anderer Menschen ist sie hilflos, gegen die Verbalattacken ihre Schwägerin Sylvie kann sie sich nicht wehren (S. 83). Als Sylvie später von ihrem Mann verlassen wird und selbst hilflos und unglücklich ist, steht Anouk ihrer Schwägerin aber wie selbstverständlich bei (S. 170).

3.4   Personenkonstellation und Charakteristiken

Möchte No
kennenlernen

Das traurige Leben der Anouk Bertignac ändert sich mit dem Einzug von Nolwenn Pivet. Überraschenderweise übernimmt Anouk im „Familienrat" die Initiative, indem sie sagt: „Wir sollten sie kennenlernen." (S. 108) Ungewöhnlich aufgeschlossen ist dann auch ihr Verhalten bei Nos Einzug:

> „Wir aßen alle vier zu Abend, meine Mutter hatte ein Zucchini-gratin gemacht, zum ersten Mal seit langer Zeit saß sie nicht im Morgenmantel da, sie hatte ihren buntgestreiften Pullover und eine schwarze Hose angezogen." (S. 115)

Findet ins Leben
zurück

In der Folge verbringt Anouk viel Zeit mit No. Mit ihrem Einfühlungs-vermögen bringt sie die junge Frau zum Reden, ohne sie zu be-drängen: „[...] man darf nie etwas erzwingen, das hat meine Mutter schon vor langer Zeit verstanden, sie stellt keine Frage" (S. 133). Die **Gespräche mit No**, von der Anouk Bertignac weiß, dass sie eben-falls Schlimmes erlebt haben muss, holen sie aus ihrer Isolation ins Leben zurück. Anouk beginnt wieder zu lesen, besucht Ausstel-lungen, trifft sich mit Freunden. Sie isst wieder mit ihrer Familie gemeinsam zu Abend, sie findet ihre Sprache wieder (S. 134). Eines Abends erzählt sie No schließlich vom Tod ihres Babys (S. 155–156). **Dies wirkt befreiend auf sie** und systematisch geht sie ein neues Leben an, so hat sie „sich neue Kleider gekauft, ihre Medikamente niedriger dosiert und mit dem Personalchef ihrer alten Firma einen Termin vereinbart" (S. 196). Auch ihrem Mann kommt sie wieder näher (vgl. S. 177). Anouk ist wieder stark und verfügt über emo-tionale Kraft und versucht mit No zu reden, als sich deren schwere Krise abzuzeichnen beginnt (S. 186).

Kann Lou ge-
genüber wieder
liebevoll sein

Auch ihrer Tochter Lou begegnet sie jetzt anders. Als diese nach einem Treffen mit No aufgewühlt nach Hause kommt und Anouk Bertignac mit erprobter Taktik in die Rolle der sorgenden Mutter

3.4   Personenkonstellation und Charakteristiken

drängen will, spielt Anouk das Spiel nicht mehr mit: Zu Lous großer
Verblüffung schreit die Mutter ihre Tochter an und gibt ihr zu verstehen, dass sie bestimmte Verhaltensweisen einfach satthat (S. 221).
Zu diesem Zeitpunkt kann Anouk Bertignac ihre Tochter noch nicht
in die Arme schließen. Da verharrt Anouk Bertignac noch in Reglo-
sigkeit (S. 233). Ihr Panzer bricht jedoch auf, als die ausgerissene
Lou nach Hause zurückkehrt, sie kann wieder Gefühle zulassen:

> „Sie stand vor mir, sie schien keinen Laut zustande zu bringen,
> und dann zog sie mich an sich, ohne ein Wort, sie weinte, wie
> ich sie noch nie hatte weinen sehen." (S. 247)

Bernard Bertignac

Bernard Bertignac ist **Lous Vater**, die sich über ihn wie folgt im
Text äußert:

> „Man merkt gleich, dass mein Vater im Büro ein Team von fünf-
> undzwanzig Mitarbeitern dirigiert, manchmal färbt sein Verhal-
> ten zu Hause ab, er hat eine Vorliebe für Planungen, Projekte,
> Wachstumskurven, ein Wunder, dass wir am Ende des Jahres
> nicht zu einem Evaluierungsgespräch unter vier Augen gebeten
> werden." (S. 172)

Bernard Bertignac ist nicht nur ein ergebnisorientierter Mensch,
sondern auch sehr fürsorglich. **Dies zeigt sich in seinem rührenden Umgang mit seiner depressiven Frau.** Er setzt alles daran,
ihr zu helfen, auch wenn er zu Beginn ihrer Erkrankung in seiner Hilflosigkeit laut wird (vgl. S. 49–50). Schließlich initiiert er die
Unterbringung seiner Frau in einer Klinik und besucht sie regelmäßig. Lou schickt er auf Anraten der Lehrerin zu einer Psychologin
(S. 48).

*Fürsorge für Frau
und Tochter*

3.4 Personenkonstellation und Charakteristiken

Zur Zeit der Romanhandlung ist Bernard Bertignac mit einer immer noch psychisch sehr labilen Frau konfrontiert und mit einer hochbegabten, unter den familiären Verhältnissen leidenden Tochter. Dies geht nicht spurlos an ihm vorüber, so weint er „heimlich im Badezimmer" (S. 12). Besorgten Anrufern versichert er, dass es seiner Frau bessergehe (vgl. S. 53) und auch seiner Tochter gegenüber gibt er sich überzeugt von der Heilung seiner Frau:

> „Weißt du, Lou, wir werden einige Zeit warten müssen, bis wir unsere alte *Maman* wiederhaben. Lange Zeit. Aber du brauchst keine Angst zu haben. Wir schaffen es." (S. 42)

Derweil hält er mit bewunderungswürdiger Kraft die Familie zusammen. Als er auf Dienstreise in Asien ist, ruft er jeden Morgen an und erkundigt sich nach dem Befinden seiner Frau. Und als es ihr langsam bessergeht, kann er es kaum glauben (S. 135).

Bernard Bertignac ist ein aufmerksamer Vater und bemüht sich um seine Tochter Lou: Er schenkt ihr ein Buch, von dem er weiß, dass sie sich dafür interessiert (S. 74); auch wenn er todmüde nach Hause kommt, versucht er, ihrem Wissensdrang gerecht zu werden (vgl. S. 93). Eindringlich versucht er seine Tochter davon zu überzeugen, dass sie von ihrer Mutter nach wie vor geliebt wird (S. 222–223), und er stellt sich ihren Vorwürfen, nachdem No gegangen ist (S. 232–233).

Vater und Tochter Bertignac verbindet ein tiefes Vertrauen. Doch als Lou auf Nos Bitten hin zu lügen beginnt, wird Bernard Bertignac wachsam. So in jener Situation, als Lou und No zu deren Mutter fahren wollen und Lou auf Nos Wunsch erzählt, dass sie den Flohmarkt von Montreuil besuchen wollen (S. 166). Diese Wachsamkeit entspringt der Skepsis, mit der Bernard Bertignac die Aufnahme Nos in seine Familie betrachtet. Er stimmt nur zu, weil

Aufmerksamer Vater

Skepsis gegenüber No

3.4 Personenkonstellation und Charakteristiken

es anfangs der Wunsch seiner Frau ist (S. 108–109). In der Folge übernimmt er aber auch konsequent die **Verantwortung für No** und sorgt beispielsweise dafür, dass sie Kontakt mit ihrer Sozialarbeiterin aufnimmt (vgl. S. 130). Auch später, als sich Nos Scheitern abzeichnet, kontaktiert er die Sozialarbeiterin, damit No geholfen werden kann (S. 185). Als No ausgezogen ist, befragt er immer wieder Lou und auch die Sozialarbeiterin nach Nos Verbleib.

Bernard Bertignac ist sich Nos Herkunft von der Straße immer bewusst. Als die Bertignacs eine Reise zu seiner von ihrem Mann verlassenen Schwester Sylvie planen, möchte er No nicht allein in der Wohnung lassen. Von seiner Frau lässt er sich überreden, es doch zu tun. Aber vor der Abreise spricht er mit No eindringlich über das Verhalten, das er von ihr erwartet:

> „Mein Vater hat ihr einen regelrechten Vortrag gehalten über Vertrauen, Verantwortungsgefühl und die Zukunft und so, fast wie ein Parteivorsitzender, nur hatte er kein Mikro." (S. 172)

Als der Vater sich nach der Rückkehr angesichts der leeren Alkoholflaschen und Medikamentenschachteln in Nos Zimmer bestätigt sieht, tut Bernard Bertignac das einzig Richtige: Er sagt No und auch seiner Tochter ganz klar, **dass No nicht bleiben kann, wenn sie ihr Verhalten nicht ändert.**

Konsequenzen

> „Weißt du, Lou, wenn es nicht gut funktioniert, wenn No unsere Lebensweise nicht respektiert, wenn *Maman* und ich denken, dass es nicht gut für dich ist, dass es eine Gefahr für dich bedeutet, dann kann sie nicht bleiben. Das habe ich ihr gesagt." (S. 182)

3.4 Personenkonstellation und Charakteristiken

Will No profes-
sionell helfen
lassen

Als No mit ihrem autodestruktiven Verhalten fortfährt, setzt er sich nach einem Gespräch mit seiner Frau durch und will professionelle Hilfe für No (S. 188). Er erfährt, dass No bei Lucas untergekommen ist, und informiert dessen Mutter (S. 235). Dass Lou daraufhin in ihrer Verwirrung von zu Hause wegläuft, ist ihm nicht zum Vorwurf zu machen.

Nebenfiguren
Suzanne Pivet

Wurde
vergewaltigt

Suzanne Pivet ist Nos Mutter. Mit No schwanger wurde sie durch eine Vergewaltigung:

> „Ihre Mutter ist mit fünfzehn Jahren in einer Scheune vergewaltigt worden. Sie waren zu viert. Sie kamen aus einer Bar, sie fuhr mit dem Fahrrad am Straßenrand, sie zogen sie ins Auto. Als ihr klar wurde, dass sie schwanger war, war es schon zu spät für eine Abtreibung." (S. 131)

Als ihre Schwangerschaft offensichtlich ist, verlässt sie die Schule und zieht sich in die Normandie zurück, wo No zur Welt kommt. Danach arbeitet sie als Putzfrau, das Baby wird von ihren Eltern versorgt. Drei Jahre später lernt Suzanne Pivet in einer Disco einen Mann mit einem geregelten Einkommen kennen. Zu dieser Zeit war Suzanne „schön, sie trug Miniröcke und hatte langes schwarzes Haar" (S. 132). Mit diesem Mann geht sie nach Paris. No holt sie – vermutlich widerwillig – erst vier Jahre später zu sich, nachdem ihre Mutter tödlich verunglückt war und sich ihr Vater nicht mehr um das kleine Mädchen kümmern konnte.

Lässt No für ihr
Trauma büßen

Die Pivets hatten damals keine Anzeige wegen der Vergewaltigung erstattet, die Täter wurden also nie bestraft. Büßen für dieses

3.4   Personenkonstellation und Charakteristiken

Verbrechen muss No. **Suzanne lehnt ihr Kind von Beginn an ab** und behandelt ihre Tochter mit erschreckender Kälte:

> „Als No aus dem Kleinkindalter heraus war, weigerte sich ihre Mutter, bei Tisch neben ihr zu sitzen. Gegenüber wollte sie sie auch nicht haben. No musste weit weg sitzen, außerhalb ihres Blickfelds. Suzanne rief No nie bei ihrem Namen, sprach sie nie direkt an, sie zeigte aus der Entfernung auf sie und sagte *sie*." (S. 132)

Die Grausamkeiten nehmen auch kein Ende, als Suzanne älter ist und sie bei ihrem Freund, der die Kleine mit offenen Armen aufnimmt, in Choisy-le-Roi lebt:

> „Suzanne ließ sie in der Küche zu Abend essen, sie stellte ihr den Teller hin wie einem Hund, dann machte sie die Tür zu. Eine Viertelstunde später kam sie wieder und schimpfte, wenn der Teller nicht leer war." (S. 146)

Ist ihr Freund freundlich zu No, reagiert Suzanne Pivet verärgert (S. 146). Als er ihr einen unverantwortlichen Umgang mit No vorwirft, weint sie, überlässt das Kind aber weiterhin sich selbst. Suzanne hat sich so wenig unter Kontrolle, dass sie No auch körperlich verletzt (vgl. S. 147). Ihr Verhalten dem Kind gegenüber ist ein Grund dafür, dass sich ihr Lebensgefährte schließlich von ihr trennt.

Daraufhin beginnt Suzanne Pivet zu trinken und zieht mit No in eine Sozialwohnung nach Ivry. Sie verliert ihre Arbeit als Kassiererin in einem Supermarkt. Sie ist auf einem existenziellen Tiefpunkt angelangt, doch sie unternimmt keinen Versuch, ihr Leben in den Griff zu bekommen und Verantwortung dafür und für No zu über-

Kontrollverlust und Eifersucht

3.4 Personenkonstellation und Charakteristiken

nehmen. Im Gegenteil, sie lässt es zu, dass No kaum noch zur Schule geht und stattdessen ihr Trinkerleben organisiert (S. 148). Als No im Treppenhaus stürzt und sich ernsthaft verletzt, kümmert sie das nicht (S. 148). Schließlich wird No aus dieser „Familie" weggeholt, doch da ist es für No bereits zu spät.

An No schuldig geworden

Zu der Zeit der Romanhandlung lebt Suzanne Pivet noch in der Sozialwohnung in Ivry. **Sie ist verheiratet und hat ein weiteres Kind** (S. 66). Mit No, deren Existenz sie an das traumatische Erlebnis vor über 18 Jahren immer wieder erinnert, möchte sie weiterhin nichts zu tun haben. Als die inzwischen erwachsene No zu ihr fährt und um Einlass bittet, **lässt Suzanne sie wortlos vor der geschlossenen Tür stehen** (S. 167–168). Durch dieses grausame Verhalten trägt sie dazu bei, dass No erneut die Kontrolle über ihr Leben verliert. Zweifellos hat sich Suzanne Pivet an ihrer Tochter schuldig gemacht, ist aber auch ein Opfer.

Pierre Marin

Lous Lehrer

Im Gegensatz zu Suzanne Pivet hat sich Pierre Marin sehr unter Kontrolle. Er ist Lous Lehrer für Wirtschafts- und Sozialkunde, **intelligent und eine Autorität**. Unterrichtet er,

> „geht [er] durch die Reihen, die Hände auf den Rücken verschränkt, er sieht nie in seine Unterlagen, er hat alles im Kopf, die Daten, die Zahlen und Kurven. Man könnte eine Stecknadel zu Boden fallen hören." (S. 205)

Gleichzeitig ist er „der Schrecken des Gymnasiums" (S. 30). Er erwartet von seinen Schülern die Einhaltung der von ihm vorgegebenen Verhaltensregeln (S. 30) und hat klare Vorstellungen hinsichtlich Kleidung und Frisur: „Er ist gegen Strings, Hüfthosen, über den Boden schleifende Hosen, gegen gegeltes und gebleichtes Haar."

3.4 Personenkonstellation und Charakteristiken

(S. 30) Verstößt ein Schüler oder eine Schülerin gegen seine Vorstellungen, so kennt er keine Gnade, wie Axelle Vernoux mit ihrem ungewöhnlichen Kurzhaarschnitt leidvoll erfahren muss (S. 126). Dabei ist Monsieur allerdings selbst nicht immer stilsicher in den Augen seiner Schüler, trägt er doch manchmal unterschiedliche Socken (S. 165).

Gegenüber seinen Schülern schlägt Marin gerne einen sehr unangenehmen, spöttischen Ton an. Dabei macht er keinen Unterschied zwischen guten und schlechten Schülern. Lucas beispielsweise konfrontiert er gerne vor der Klasse mit seinen schlechten Noten (vgl. S. 77). Aber auch die von ihm geschätzte Lou ist nicht sicher vor seinen Kommentaren (S. 31). Als sich Lou für Axelle Vernoux einsetzt, schickt er sie kurzerhand vor die Tür (vgl. S. 127). Gleichwohl ist er ihr zugetan und besorgt um sie. Er schlägt ihr elterliche Begleitung vor, wenn sie im Obdachlosenmilieu recherchiert (S. 12), unterstützt sie bei ihrem Referat mit Informationsmaterial und bietet ihr seine Hilfe an: „Sie können jederzeit zu mir kommen, wenn Sie Hilfe brauchen." (S. 32). Marin meint, Lou auch vor Lucas schützen zu müssen (S. 207).

Bezeichnet er Lou im Verlauf des Schuljahres noch als „Utopistin" (S. 164), so hat sich seine Einstellung am Ende des Schuljahres geändert. Vielleicht weiß er inzwischen von der Geschichte mit No und **honoriert Lous Haltung**, ihr Denken: „Geben Sie nicht auf." (S. 250) Dazu schenkt er ihr ein Buch, das ihm, als er ein junger Mann war, sehr viel bedeutet hat.

Sehr spöttisch

Wertschätzung

Léa Germain und Axelle Vernoux
Léa Germain und Axelle Vernoux sind **beste Freundinnen** und Lous Klassenkameradinnen:

3.4 Personenkonstellation und Charakteristiken

> „Ich beobachte sie [...], sie sind fünfzehn, sie haben Brüste in
> ihren Büstenhaltern und Hintern in ihren Jeans. Sie sind hübsch,
> an ihnen ist nichts auszusetzen, es gibt nicht die kleinste Winzig-
> keit, um derentwillen man sie hässlich finden könnte, gar nichts."
> (S. 208–209).

Selbstbewusst

Léa ist mandeläugig und schlagfertig, „sie hat immer etwas Lusti-
ges oder Interessantes zu sagen" (S. 32). Jungen schauen ihr nach
und auch Axelle, die „vor gar nichts Angst" (S. 32) hat. Beide halten sehr viel von sich und entsprechend sind Einladungen zu Ge-
burtstagsfeiern Gunsterweisungen. **Folgt man diesen Einladungen
nicht, bedeutet das die soziale Ächtung**. Daher strafen sie Lou,
die, eingeschüchtert von beiden und sich im Vergleich mit ihnen
minderwertig fühlend, vor der Geburtstagsparty kneift:

> „Montags habe ich mich bei ihnen entschuldigt, ich habe Fa-
> miliengründe vorgeschützt. Axelle sagte, ich hätte das Fest des
> Jahres verpasst, und ich schaute zu Boden. Seit diesem Tag ha-
> ben Léa Germain und Axelle Vernoux kein Wort mehr mit mir
> gesprochen." (S. 33–34)

Gleichwohl applaudieren sie Lou nach ihrem Referat (S. 70) und
ändern angesichts der Freundschaft zwischen Lou und Lucas ihr
Verhalten. Gönnerhaft-freundlich reagieren sie darauf, so heißt es:
„Die anderen behandeln mich seither mit einer Art Respekt, selbst
Axelle und Léa grüßen mich und lächeln mir zu." (S. 121)

Werben um Lou

Als Axelle von ihrem Klassenlehrer Monsieur Marin vor der Klasse wegen ihres ungewöhnlichen Haarschnitts gedemütigt wird und
Lou interveniert (S. 126–127), beweist Axelle Stil:

3.4 Personenkonstellation und Charakteristiken

„Nach dem Unterricht hält mich Axelle am Arm zurück und sagt danke, es dauert nur eine Sekunde, aber sie reicht, alles steht in ihren Augen." (S. 127)

In der Folge werben Axelle und Léa wieder um Lou und laden sie erneut zusammen mit Lucas zu einer von ihnen ausgerichteten Party ein (S. 208). Sie geben auch nicht auf, als Lou wieder nicht erscheint: „Im nächsten Schuljahr gehe ich zu Léa Germains Geburtstagsparty, sie hat es mich vor Zeugen versprechen lassen." (S. 249)

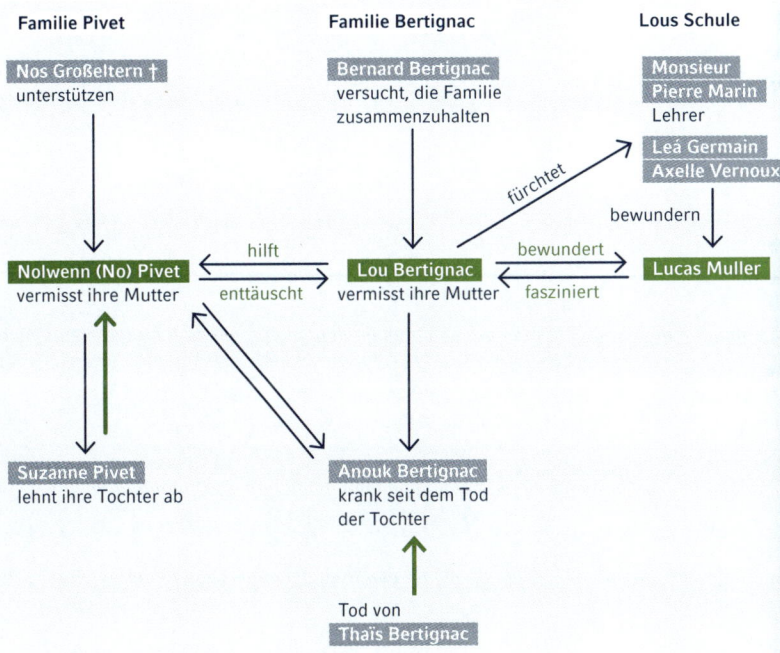

3.4   Personenkonstellation und Charakteristiken

Weitere Personen: François Gaillard, Jade Lebrun, Anna Delattre, Lucille, Corinne, Gauthier (Klassenkameraden von Lou und Lucas), Kassiererin im Zeitschriftenladen, Lous Lehrerin in der Grund-
schule, Roger, Momo, Michel (andere Obdachlose), Kellner im *Relais d'Auvergne*, Mouloud, Lous Tante Sylvie, Geneviève (Nos Freundin), der Obdachlose mit dem Iglu-Zelt, Nos Chef im Hotel, der ehe-
malige Freund von Suzanne Pivet, das Ehepaar Langlois, Madame
Cortanze (Psychologin) u.a.

3.5 Sachliche und sprachliche Erläuterungen

Motto	*J. M. G. Le Clézio*	Jean-Marie Gustave Le Clézio (*1940), französisch-mauritischer Schriftsteller, Literaturnobelpreisträger 2008
S. 9	in flagranti	Lat.: auf frischer Tat
S. 9	Lithosphäre	Erdkruste
S. 13	Gare d' Austerlitz	Bahnhof in Paris
S. 14	Clermont-Ferrand	Hauptstadt des französischen Départements Puy-de-Dôme
S. 17	Prämolar	Prämolaren: die vorderen Backenzähne, also die dritten und vierten Zähne in der Zahnreihe
S. 23	Brasserien	Brasserie: einfaches Restaurant
S. 28	*L' École des femmes*	*Die Schule der Frauen*, Komödie des französischen Dichters Molière
S. 32	*Libération*	Französische Tageszeitung
S. 35	das Pfeiffersche Drüsenfieber	Virusinfekt, der durch Speichel übertragen wird
S. 36	Neuronen	Nervenzellen
S. 38	*Pif Gadget*	Comicmagazin für Kinder
S. 44	In-vitro-Fertilisation	Befruchtung im Reagenzglas
S. 50	Dordogne	Landschaft und Fluss im Südwesten Frankreichs
S. 51	Nantes	Stadt in der Bretagne
S. 51	Gare Montparnasse	Bahnhof in Paris
S. 52	*Lycée*	Gymnasium
S. 55	Insomnie	Schlaflosigkeit
S. 55	Hysterie	Nervöse Aufgeregtheit
S. 55	Hypochondrie	Ausgeprägte, aber unbegründete Angst vor Krankheit

3.5 Sachliche und sprachliche Erläuterungen

S. 55	Hypertonie	Bluthochdruck
S. 55	*Ritrovil*	Beruhigungsmittel
S. 55	*SAMU social*	1993 gegründete Hilfsorganisation für Obdachlose
S. 61	*Encyclopedia Universalis*	Umfangreiches Nachschlagewerk
S. 63	*Restaurants du Coeur*	Initiative, die während der Wintermonate Nahrung und Kleidung an Bedürftige verteilt
S. 63	*Banlieue*	Banlieues: verarmte Vorstädte von Paris, soziale Brennpunkte
S. 73	Hologramm	Dreidimensionale Aufnahme eines Gegenstandes
S. 78	Siderische Umlaufzeit	Begriff aus der Astrophysik: Zeit, die ein Himmelskörper für eine vollständige Umdrehung benötigt
S. 80	Kabyle	Bewohner der Kabylei (Region in Algerien)
S. 80	*Le Parisien*	Pariser Boulevard-Zeitung
S. 93	*tellurisch*	Die Erde betreffend
S. 94	Metamorphose	Verwandlung
S. 101	Opinel-Messer	Klappmesser mit Holzgriff
S. 103	Petit Fours	Feingebäck
S. 132	Choisy-le-Roi	Gemeinde im Großraum Paris
S. 142	Louis de Funès	Französischer Komiker
S. 148	Ivry	Ivry-sur-Seine, französische Gemeinde etwa sieben Kilometer südöstlich von Paris
S. 158	Plexus	Nervengeflecht
S. 161	Xanax	Medikament gegen Angststörungen
S. 163	Kalligraphiefeder	Kalligraphie: Kunst des Schönschreibens
S. 164	Dependance	Niederlassung, Filiale
S. 164	Utopistin	Träumerin

3.5   Sachliche und sprachliche Erläuterungen

S. 177	Trivial-Pursuit-Runden	Trivial-Pursuit: Wissensspiel
S. 197	Emulgatoren	Stoffe, die ursprünglich nicht miteinander mischbare Flüssigkeiten mischbar machen
S. 197	Antioxidantien	Stoffe, die eine Reaktion mit Sauerstoff verhindern
S. 223	Galeries Lafayette	Französische Warenhauskette
S. 227	Wexford	Stadt im Südosten Irlands
S. 238	Forum des Halles	Einkaufszentrum in Paris
S. 239	Fontaine des Innocents	Brunnen in Paris
S. 240	Rosslare	Hafen im Südosten Irlands
S. 243	Johnny Hallyday	Französischer Sänger (1943–2017)
S. 244	Gare Saint-Lazare	Bahnhof in Paris

3.6 Stil und Sprache

ZUSAMMEN-FASSUNG

De Vigan verwendet eine individuelle Figurensprache und personales Erzählverhalten. Sie erzählt in der Ich-Form und setzt zahlreiche Motive ein, die sich wiederholen und dadurch das Erzählte verknüpfen.

Erzählersprache

Jugendsprache

Eine Erzählersprache im eigentlichen Sinn gibt es nicht. Die Geschichte wird aus der **Perspektive der 13-jährigen Lou** erzählt, die sich in ihrem Gedankenstrom (vgl. S. 99) der Jugendsprache und vieler eindringlicher Bilder bedient. Durch dieses erzählerische Vorgehen bleibt sowohl die erzählerische Distanz zu den Romanfiguren als auch die Distanz zum jugendlichen Leser gering. Die kurzen Kapitel und die bildhafte Sprache der Autorin entwickeln einen eigenen Sog.

Figurensprache

Unterschiedliche Figurensprache

Die Figurensprache dient der **Darstellung des Personencharakters**. Aus der Figurensprache kann auch das soziale Umfeld der jeweiligen Person abgeleitet werden. Bestes Beispiel dafür ist das Ausdrucksvermögen Lous und Nos im Vergleich. **Lou spricht die Sprache der Angehörigen der oberen Mittelschicht.** Sie drückt sich gepflegt und gebildet aus, wie aus dem Gebrauch von Fachtermini geschlossen werden kann, zum Beispiel aus der Verwendung des astronomischen Fachausdrucks „siderische Umlaufzeit" (S. 78). Als sie von zu Hause weggelaufen ist und die Kontrolle über ihr bisheriges Leben zu verlieren scheint, drückt sie sich allerdings derber aus:

3.6   Stil und Sprache

> „[...] es war uns scheißegal, dass die Leute gegen die Wand
> klopften, scheißegal, dass es nach totem Fisch roch, scheißegal,
> dass Tiere über die Wände huschten, wir beide waren zusammen,
> wir würden abhauen, uns vom Acker machen, wir würden weit
> weggehen." (S. 243)

In dieser Szene, als sie das Leben mit No teilen will, gleicht sie sich
Nos Sprache an. **No rangiert am unteren Ende der sozialen Skala
und dies spiegelt sich in ihrer Sprache.** Ihr Wortschatz ist geringer
als der Lous, und sie drückt sich obszön aus, wie folgendes Beispiel
zeigt. Sprache und Benehmen korrespondieren hier miteinander.

> „Tage, an denen sie kaum ansprechbar ist, Tage, an denen sie
> den Mund nur aufmacht, um Scheiße, fuck off oder verfickt zu
> sagen, Tage, an denen sie gegen Stühle und Sessel tritt, Tage,
> an denen man am liebsten sagen möchte, wenn's dir nicht passt,
> dann geh doch heim." (S. 201)

Die Figuren in *No & ich* sind überwiegend junge Menschen, entsprechend frisch drücken sie sich aus. So beschreibt eine **Klassenka-
meradin Lous** ein Treffen von Lucas mit der heruntergekommenen
No als ein Treffen mit einem „superseltsamen Mädchen" (S. 217).
Ein weiteres Beispiel für diese jugendliche Idiomatik ist die häufig
von Lou benutzte Phrase „und so" (vgl. S. 27).

Jugendsprache

Die **Sprache von Monsieur Marin** trieft von Ironie. Dies zeigt
sich bei Verfehlungen seiner Schüler, so in jener Situation, in der
Lucas sein verspätetes Eintreffen zum Unterricht mit einem defek-
ten Fahrstuhl erklärt:

Ironie

> „Lassen Sie sich wenigstens etwas Phantasievolleres einfallen.
> Wir sind von Ihnen Besseres gewöhnt. Wenn Ihnen eine Ziegen-

3.6 Stil und Sprache

herde den Weg versperrt hätte, hätten Sie mein volles Mitgefühl gehabt.'" (S. 206)

Erzählform und Erzählverhalten

Bei der Erzählform wird differenziert zwischen Er-Form und Ich-Form, wobei hinsichtlich der **Ich-Form zwei Erzählertypen** zu unterscheiden sind:

Ich-Form 1: Identität von erzählendem und erlebendem Ich

→ Der erste Ich-Erzählertyp erzählt **ohne einen zeitlichen Abstand** vom Geschehen, er weiß nicht mehr als der Leser. Erzählendes und erlebendes Ich sind weitgehend identisch. Entsprechend verfügt dieser Ich-Erzählertyp im Allgemeinen außer in Bezug auf sich selbst nur über Außensicht. Er nimmt einen internen point of view ein mit personalem Erzählverhalten.

Ich-Form 2: Non-Identität von erzählendem und erlebendem Ich

→ Der zweite Typ des Ich-Erzählers erzählt **mit einem deutlichen zeitlichen Abstand**, der ihn mehr wissen lässt als der Leser. Das erzählende Ich ist nicht identisch mit dem erlebenden Ich. Dieser Inkongruenz wegen hat dieser Ich-Erzählertyp (außer in Bezug auf sich selbst) nur Außensicht zur Verfügung mit einem externen point of view. Sein Erzählverhalten ist demzufolge neutral oder sogar auktorial. Der Ich-Erzähler dieses Typs eignet sich insbesondere zur quasi-autobiografischen Erzählung des eigenen Lebens gegen dessen Ende.

Hinsichtlich des **Erzählverhaltens** unterscheidet man folgende Dreier-Typologie:

Erzählverhalten

→ **Auktoriales Erzählverhalten**: Der Erzähler gibt sich als eigenständige Instanz zu erkennen. Er kommentiert, reflektiert und urteilt. Auf der Grundlage eines externen point of view offenbart er ein umfassendes Wissen über das Erzählte. Dies schließt die Innensicht, Wissen um Vorgeschichte und zukünftige Entwicklungen ein.

3.6 Stil und Sprache

→ **Neutrales Erzählverhalten**: Der Erzähler gibt sich nicht als eigenständige Instanz zu erkennen, sein Verhältnis zum Erzählten ist unspezifisch und somit neutral. Dieses Erzählverhalten neigt zum externen point of view, aber nicht notwendig zur Innensicht.

→ **Personales Erzählverhalten**: Der Erzähler nähert sich erkennbar dem Standpunkt der erzählten Figur an. Dies gilt besonders dann, wenn er mit Innensicht erzählt. Darbietungsweise sind erlebte Rede, innerer Monolog und/oder stream of consciousness (Bewusstseinsstrom). Bei dieser Darbietungsweise wird unter Verzicht auf eine geordnete Syntax ein rational nicht gesteuerter, assoziativer Gedankenstrom dargestellt.

Gedankenstrom

Aus den obigen Informationen ist leicht zu schließen, dass de Vigan in *No & ich* den **ersten Ich-Erzähler-Typ** (Identität von erzählendem und erlebendem Ich) gewählt hat. Das Erzählverhalten ist **personal**, der Leser erlebt das Geschehen aus der Perspektive der Protagonistin Lou. Als Darbietungsweise setzt de Vigan den **stream of consciousness** ein. So in jener Situation, als Lou von No verlassen nach Hause geht. In diesem **Bewusstseinsstrom** rekapituliert Lou scheinbar ungeordnet ihre und Nos Geschichte mit anfänglicher Hoffnung und der Desillusionierung am Ende:

No & ich: Ich-Form 1 und personales Erzählverhalten (Bewusstseinsstrom)

> „Wir sind zusammen, Lou, oder, wir sind zusammen, vertraust du mir, ruf mich an, wenn du gehst, ich erwarte dich unten an der Treppe, ich erwarte dich vor dem Café, es wird besser bezahlt, aber ich muss nachts arbeiten, lass mich schlafen, ich bin total platt [...], das ist nicht dein Leben, verstehst du, das ist nicht dein Leben." (S. 246)

3.6 Stil und Sprache

Themen und Motive

Narrative Ver-
knüpfung

Motive sind die kleinsten Einheiten der Romanhandlung. De Vigan
arbeitet mit zentralen Motiven, die sich wiederholen. Erste Eindrücke, die der Leser bei der Rezeption gewinnt, können sich durch
die **Motivwiederholungen** verdichten und so eine erzählte Welt
formen. Gleichzeitig sorgen die Motivwiederholungen für die Verbindung der einzelnen Kapitel miteinander, so dass durch diese Art
der narrativen Verknüpfung schließlich ein **komplexes erzähleri-
sches Ganzes** entsteht. Beispiele und Effekt der wichtigsten Motive
werden im Folgenden dargestellt und erläutert.

MOTIV	ERSTNENNUNG	WIEDERHOLUNG	EFFEKT
Einsamkeit (Auswahl)	„Mein ganzes Le-ben lang habe ich mich außerhalb gefühlt, wo auch immer, außer-halb des Bilds, außerhalb des Ge-sprächs, neben der Situation, als könn-te ich als Einzige Geräusche oder Worte hören, die die anderen nicht wahrnehmen, wäre dabei aber taub für die Worte, die die anderen anschei-nend hören, als wäre ich außerhalb des Rahmens oder auf der anderen Seite einer riesi-gen unsichtbaren Glaswand." (S. 17)	„‚Und deine Eltern?' ‚Ich hab keine.' ‚Sind sie tot?' ‚Nein.'" (S. 25); „Ich möchte einfach nur wie die anderen sein, ich beneide sie um ihre Gewandtheit, um ihr Lachen, um ihre Abenteuer, ich bin sicher, sie besitzen etwas, das ich nicht habe, [...]." (S. 52–53); „Nie mehr berührt sie mich mit der Hand, nie mehr streicht sie mir übers Haar, streichelt sie mir die Wange, nie mehr umfasst sie meinen Hals oder meine Taille, nie mehr drückt sie mich an sich." (S. 54); „No und ich gingen zur Kneipe, unterwegs sagte ich zu ihr, ihre Kumpel seien nett, da blieb sie stehen und antwortete: Auf der Straße hat man keine Freunde." (S. 57); „Sie erzählte von diesem Leben, von ihrem Leben, von den Stunden, die sie mit Warten verbringt, von der Angst vor der Nacht." (S. 59);	Abgebildet wird Einsamkeit in unterschiedlicher Aus-prägung. Die Zitate S. 17, S. 52–53, S. 54 und S. 97 sind mit Lou assoziiert. Aus den Zitaten S. 17 und S. 52–53 lässt sich das Seelenleben Lous erschließen, das Ge-fühl des Abgetrenntseins von der alltäglichen Welt. Sie lebt in einer anderen Sphäre und leidet darun-ter. Sie leidet auch unter ihren familiären Verhält-nissen, wie aus den Zitaten S. 54 und S. 97 geschlossen werden kann. Lou **emp-findet** sich als heimatlos. Im Gegensatz dazu **ist** No heimatlos. Dies erschließt sich aus der Motivkette mit den Zitaten S. 25, S. 57, S. 59, S. 99, S. 146, S. 161 und S. 220. Besonders die

3.6 Stil und Sprache

MOTIV	ERSTNENNUNG	WIEDERHOLUNG	EFFEKT
		„Ihm sagen, dass ich an manchen Abenden keine Lust habe, nach Hause zu gehen, wegen all der Trauer, die an den Wänden klebt, wegen der Leere in den Augen meiner Mutter, wegen der in den Schachteln vergrabenen Fotos, wegen der Fischstäbchen." (S. 97); „Das ist ihr Leben. Von Heim zu Heim ziehen. Möglichst lange aushalten. Die Fristen verlängern. Etwas zu essen auftreiben. Möglichst nicht auf der Straße schlafen." (S. 99); „Sein Vater ist nach Brasilien gezogen und schickt Geld. Seine Mutter übernachtet selten zu Hause, sie hinterlässt ihm Botschaften auf gelben Klebezettelchen an der Wohnungstür [...]." (S. 111–112); „Suzanne ließ sie in der Küche zu Abend essen, sie stellte ihr den Teller hin wie einem Hund, dann machte sie die Tür zu." (S. 146); „Sie ist ein kleines Mädchen, das ganz allein ist auf der Welt, ein verlassenes Mädchen." (S. 161); „Ich lasse No weitergehen, sie trägt eine Plastiktüte in der Hand, sie geht um die Straßenecke, kein Funkeln, das sie umgibt, alles ist düster und grau." (S. 220)	Zitate S. 25, S. 57, S. 146, S. 161 und S. 220 repräsentieren eine abgrundtiefe Einsamkeit ohne jeden Trost. In den Kontext des sich selbst Überlassenseins gehört auch das Zitat S. 111–112, das Lucas betrifft.

3.6 Stil und Sprache

MOTIV	ERSTNENNUNG	WIEDERHOLUNG	EFFEKT
Kleinheit/ Winzigkeit (Auswahl)	„Er sah mich an, als frage er sich, wie etwas so Kleines wie ich es so weit hatte bringen können." (S. 20)	„Auf dem Foto, das kurz nach dem Schuljahrsbeginn aufgenommen wurde, stehe ich vorn, da wo die Kleinsten immer stehen müssen." (S. 20–21); „Ich war ganz klein: Ich hatte kleine Beine, kleine Hände, kleine Augen, kleine Arme, ich war irgend so etwas Kleines, das nach nichts aussah." (S. 33); „Sind wir so klein, so unendlich klein, dass sich die Welt weiterdreht, die unendlich große, und sich einen Dreck darum schert, wo wir schlafen?" (S. 67); „Mein Vater hält mir ein Buch hin, *Vom unendlich Kleinen zum unendlich Großen*, ich war im Internet darauf gestoßen und träumte schon seit Wochen davon, [...]." (S. 74); „Denn sobald man den Blick hebt, kann man der Frage nicht mehr ausweichen, genauso wenig wie der Frage, was wir, die wir so klein sind, eigentlich in dem Ganzen sollen." (S. 92); „Also können *die Dinge* anders sein, also kann das unendlich Kleine groß werden." (S. 109); „Er ist der Älteste, ich bin die Jüngste, er ist der Größte, und ich bin winzig." (S. 122); „Sind wir so klein, so unendlich klein, dass wir nichts ausrichten können?" (S. 249)	Dieses Motiv hat eine doppelte Bedeutung. Es ist sowohl in einem kosmischen Kontext als auch in einem Kontext zu lesen, der direkt mit der Protagonistin Lou assoziiert ist. Dafür stehen die Zitate S. 20, S. 20–21, S. 33, S. 122 und S. 190. Aus diesen Zitaten lässt sich auf die äußere Erscheinung Lous schließen und wie sie sich selbst wahrnimmt: Sie ist klein (S. 33, S. 122), sie fühlt sich winzig (S. 20, S. 20–21, S. 190). Die Zitate S. 67, S. 74, S. 92, S. 109 und S. 249 gehören dem kosmischen Kontext zugeordnet. Sie stehen für die Stellung des Menschen angesichts einer höheren, kosmischen Ordnung (besonders S. 67, S. 74, S. 92) und einer übergeordneten Macht, die sich in den „*Dingen*" äußert (S. 109).[24] Das Zitat S. 109 steht auch für das Streben Lous, diese Macht zu brechen und eine eigene Ordnung zu kreieren.

---

24 Dazu siehe Motiv „Die Dinge".

3.6 Stil und Sprache

MOTIV	ERSTNENNUNG	WIEDERHOLUNG	EFFEKT
Die Dinge (Auswahl)	*„Die Dinge sind, wie sie sind."* (S. 69)	*„Die Dinge sind, wie sie sind*, und gegen viele kann man nichts tun." (S. 81); „[...] wenn wir beschlössen, dass *die Dinge* anders sein können, auch wenn es sehr schwierig ist und immer schwieriger, als man denkt." (S. 105); „Also können *die Dinge* anders sein, also kann das unendlich Kleine groß werden." (S. 109); „So sind sie also, *die Dinge*, dachte ich. Die Dinge, gegen die man nichts tun kann." (S. 178); „Doch manchmal macht die Nacht eine klare Ansage, manchmal enthüllt die Nacht die einzige Wahrheit: Die Zeit vergeht, und *die Dinge* werden nie wieder sein, wie sie waren." (S. 180); „Ich glaubte, man könne den Lauf der *Dinge* aufhalten, dem Programm entfliehen." (S. 191); „In Wahrheit *sind die Dinge, wie sie sind.*" (S. 192); „Irre, wie normal *die Dinge* scheinen können." (S. 205); „Ich verstehe die Gleichung der Welt nicht, die Unterteilung in Traum und Realität, ich verstehe nicht, warum die *Dinge* ins Wanken geraten, umstürzen, verschwinden, warum das Leben seine Versprechungen nicht hält." (S. 207–208); „Wir haben Wichtigeres zu tun.	Das Motiv der Dinge ist das Leitmotiv[25] des Romans. Die *Dinge* stehen für eine übergeordnete Macht, sie stehen für etwas, was unabhängig vom Menschen existiert und unantastbar ist. Umgekehrt kann diese Macht aufgrund ihrer Dynamik das Leben der Menschen beeinflussen. Die Existenz dieser Macht wird repräsentiert durch die Zitate S. 69 und S. 81. Für ihre Dynamik stehen die Zitate S. 180, S. 205, S. 207–208 und S. 238. Das Zitat S. 207–208 steht gleichzeitig für den Einfluss sich verändernder Dinge auf das Leben der betroffenen Menschen. Die Zitate S. 105, S. 109, S. 191, S. 208 und S. 210 stehen für das menschliche Streben, die Dinge ändern zu wollen. Dieser Motivkette ist die Motivkette des Scheiterns und Einsicht entgegengesetzt (S. 178, S. 192, S. 210, 2. Zitat). Besonders das Zitat S. 178 steht für die Unantastbarkeit der Dinge.

---

25 Leitmotiv: Eine einprägsame, im selben oder im annähernd gleichen Wortlaut wiederkehrende Aussage, die einer bestimmten Gestalt, Situation, einer Gefühlslage oder einem Sachverhalt zugeordnet ist.

3.6 Stil und Sprache

MOTIV	ERSTNENNUNG	WIEDERHOLUNG	EFFEKT
		Wir gehen gegen den Strom der Dinge." (S. 208); „Das ist der Unterschied. Das ändert vielleicht nicht den Lauf der *Dinge*, aber es macht einen Unterschied." (S. 210); „Vorher glaubte ich, *die Dinge* hätten eine Bestimmung, einen verborgenen Sinn." (S. 210); „So können *die Dinge* kippen, dachte ich, genauso, ohne Vorwarnung, ohne Schild, so können *die Dinge* aufhören und nie wiederkommen." (S. 238)	
Fenster	„Eines Nachts überraschte ich sie, sie stand dicht an dem großen Wohnzimmerfenster und betrachtete vom fünften Stock aus die riesige Stadt, diese unglaubliche Dunkelheit, die roten und weißen Lichter der Autos, ihre Bahnen, den Schein der Straßenlampen und der anderen Lichtpunkte, die man in der Ferne tanzen sah." (S. 120)	„Abends überrasche ich sie manchmal am Fenster, sie hat die Stirn an die Scheibe gelehnt und betrachtet die Nacht, und ich weiß nicht, was ihr durch den Kopf geht, ich weiß nichts." (S. 125); „No steht, auf einen Ellenbogen gestützt, am Fenster und raucht." (S. 170)	In der Literaturwissenschaft fungiert das Fenster als Sehnsuchtsraum, als Symbol der Entgrenzung und Imagination. Nach der Aufnahme Nos durch die Bertignacs steht diese häufig am Fenster und schaut auf die grenzenlose Stadt, die sie aufgrund dieser Entgrenzung und trotz ihrer Härte als verheißungsvoll imaginiert, als Versprechen eines freien Lebens. Andere Fenstersituationen im Text: Nos Halbbruder steht am Fenster; Lou sieht die Obdachlosen durch das Autofenster.

3.6 Stil und Sprache

MOTIV	ERSTNENNUNG	WIEDERHOLUNG	EFFEKT
Unterschiedliche Lebenswelten	„‚Weißt du, Kleine, du solltest nicht mit solchen Mädchen herumhängen. Ich mag Nolwenn gern, aber sie lebt auf der Straße, sie lebt nicht in derselben Welt wie du, du hast doch sicher Hausaufgaben und noch einen Haufen anderes zu erledigen, du solltest lieber wieder nach Hause gehen.'" (S. 72–73)	„Im Bett denke ich an die Frau aus dem Zeitungskiosk, und mir geht wieder dieser Satz durch den Kopf, *sie lebt nicht in derselben Welt wie du.*" (S. 75); „Hau ab, Lou, ich sag's dir. Du gehst mir auf den Geist. Du hast hier nichts zu suchen. Das ist nicht dein Leben, verstehst du, das ist nicht dein Leben." (S. 91); „Ich gehöre nicht zu deiner Familie, Lou. Genau das musst du verstehen, ich werde nie zu deiner Familie gehören." (S. 174); „Ich weiß, was sie denkt, als wir weitergehen, zu dieser Welt gehört sie nicht mehr und zu unserer gehört sie auch nicht, sie ist weder draußen noch drinnen, sie ist dazwischen, da, wo nichts ist." (S. 202); „[...] das ist nicht dein Leben, verstehst du, das ist nicht dein Leben." (S. 246)	Zuerst erscheint dieses Motiv in Verbindung mit der Zeitungsverkäuferin, die Lou auf den sozialen Unterschied zwischen ihr und No hinweist (S. 72–73). Dies wirkt wie die Prophezeiung eines Scheiterns. Verstärkt wird dieses prophetische Moment durch das Zitat S. 75. Diese Verstärkung löst beim Leser eine Erwartungshaltung aus in dem Sinne, ob sich die Prophezeiung erfüllt oder nicht, ob Lou scheitert oder nicht. Die Zitate S. 91 und S. 174 lesen sich dadurch, dass sie von No selbst stammen, wie die Bestätigungen einer skeptischen Haltung und bereiten den Leser auf ein Scheitern vor. Zunächst gibt es allerdings durch Zitat S. 202 ein schwebendes Moment: No kann keiner Welt eindeutig zugeordnet werden, alles scheint offen zu sein. Dieser Zustand wird mit dem Zitat S. 246 aufgehoben, das den Roman gewissermaßen beschließt. Dieses Zitat funktioniert wie ein Fazit.

3.6 Stil und Sprache

Stilmittel

STILMITTEL	DEFINITION	TEXTBELEG
Anakoluth	Satzabbruch	„‚Es ist mir egal, was man sagt.' ‚Ich weiß, aber ...'" (S. 120)
Anapher	Wiederholung eines Wortes oder mehrerer Wörter am Anfang aufeinanderfolgender Sätze	„Vorher glaubte ich, *die Dinge* hätten eine Bestimmung, einen verborgenen Sinn. Vorher glaubte ich, dieser Sinn sei der Gestaltung der Welt vorausgegangen." (S. 210)
Imperativ	Befehlsform	„Lou, mach die Tür auf!" (S. 222)
Interjektion	Ausruf	„He! Ho!" (S. 87)
Ironie	Das Gegenteil dessen ist gemeint, was gesagt wird.	„Monsieur Muller, ich sehe, Sie sind bestens auf den Schuljahrsbeginn vorbereitet. Haben Sie Ihre Stifte am Strand liegenlassen?" (S. 19)
Vergleich	Gedankenfigur durch Nebeneinanderstellung zweier Wortinhalte mit dem Vergleichswort „wie"	„Doch No sitzt vor mir, und ihr Blick ist wie eine Bitte." (S. 26)
Wortspiel	Spielerischer Umgang mit Worten und deren Sinn	„Drinnen im *Relais d' Auvergne* riecht es nach Wurst und Kohl, in meiner inneren Datenbank suche ich nach einer kulinarischen Spezialität, die zu diesem Geruch passen könnte, Kohleintopf, Kohlrouladen, Rosenkohl, Weißkohl, hier schieben die Leute Kohldampf, die wollen uns bloß verkohlen, immer muss ich auf Abwege geraten [...], aber ich kann nicht anders." (S. 23)

3.6   Stil und Sprache

Intertextualität

Intertextualität bedeutet in der Literaturwissenschaft **Integration eines Fremdtextes in den eigentlichen Text**. Der Begriff Intertextualität wurde von der französischen Sprachwissenschaftlerin und Psychoanalytikerin Julia Kristeva geprägt. Die Intertextualität sucht nach Beziehungen von Vorgängertexten (sogenannten Prätexten) und fragt nach möglichen Lesarten von Texten vor dem Hintergrund anderer Texte.

Integration von Fremdtexten

De Vigan zitiert aus der Erzählung ***Der kleine Prinz*** des Schriftstellers und Piloten Antoine de Saint-Exupéry[26]:

Der kleine Prinz von Antoine de Saint-Exupéry

„Du bist für mich noch nichts als ein kleiner Knabe, der hunderttausend kleinen Knaben völlig gleicht. Ich brauche dich nicht, und du brauchst mich ebenso wenig. Ich bin für dich nur ein Fuchs, der hunderttausend Füchsen gleicht. Aber wenn du mich zähmst, werden wir einander brauchen. Du wirst für mich einzig sein in der Welt. Ich werde für dich einzig sein in der Welt ..." (S. 186–187).

Lou hat dieses Buch gelesen und so weiß sie, dass wenige Seiten weiter der Fuchs zu dem Prinzen sagen wird, dass man zeitlebens für das verantwortlich ist, was man sich vertraut gemacht hat. In ihren Augen hat sie No gezähmt und fühlt sich nun für sie verantwortlich: „Das Problem ist, dass sie einzig ist, weil ich sie gezähmt habe." (S. 201) Dies erklärt Lous irrationales Verhalten, als Nos Alkohol- und Medikamentensucht aus dem Ruder läuft und No nicht mehr zu kontrollieren ist. Doch Lou will das entgegen aller Logik nicht wahrhaben.

---

26   Antoine Marie Jean-Baptiste Roger Vicomte de Saint-Exupéry (29. 6.1900–31.7.1944): *Der kleine Prinz* (Original: *Le Petit Prince*, erschienen 1943 in New York) handelt von einem auf einem Kleinstplaneten lebenden jungen Prinzen, der sich auf eine interplanetarische Reise begibt. In der afrikanischen Sahara begegnet er schließlich dem Ich-Erzähler, einem notgelandeten Flieger, dem er seine Erlebnisse erzählt.

3.6 Stil und Sprache

Jean-Marie
Gustave Le
Clézio: *Lullaby*

Das dem Roman vorangestellte Zitat entstammt dem Roman *Lullaby* von Jean-Marie Gustave Le Clézio[27], erschienen 2007.

> „Ich sagte es Ihnen schon,
> ich sah aufs Meer,
> ich war in den Felsen versteckt
> und sah aufs Meer." (S. 7)

Die junge Lullaby beschließt unvermittelt, nicht mehr die Schule zu besuchen und am Meer einen spirituellen Prozess zu durchlaufen.[28] Nach ihrer Rückkehr muss Lullaby dem Direktor der Schule Rede und Antwort stehen. In der zitierten Passage erklärt sie sich ihm.

---

27 Vgl. auch Kapitel 3.5, S. 93.
28 Mit dem Motiv der weltabgewandten Sinnsuche orientiert sich Le Clézio u. a. an dem berühmten Roman *Walden* (1854) von Henry David Thoreau, in dem der Protagonist eine naturnah-meditative Lebensform der Waren- und Konsumgesellschaft vorzieht.

3.7 Interpretationsansätze

ZUSAMMEN-FASSUNG

→ In *No & ich* erleiden die Romanfiguren vielfältige Verluste, die sie kompensieren müssen: Tod, Krankheit, Scheidung und damit verbunden der Verlust der Familie.

→ *No & ich* kann als Entwicklungsroman der Hauptfigur Lou Bertignac gelesen werden.

Verluste und die Folgen

In der Psychologie bedeutet Verlust „die Aufhebung positiver Bindungen an eine Person (Tod des Kindes oder Lebenspartners, Scheidung)."[29] Diese Erlebnisse „gehen einher mit Angst, Depression, Einsamkeit, Hoffnungslosigkeit"[30]. Dies findet sich in *No & ich* realisiert in der gesamten Tragweite der psychischen Phänomene.

Definition

Sylvie, die Schwester Bernard Bertignacs, verliert ihren Ehemann an eine andere Frau (vgl. S. 170), was ihre Selbstgewissheit sehr erschüttert:

Sylvie: Scheidung

> „Tante Sylvies Haarknoten saß völlig schief. Ausnahmsweise gab sie meiner Mutter keine guten Ratschläge, wahrscheinlich hatte sie mit einem Mal begriffen, dass man nicht immer froh und munter wirken [...] kann, sie hat übrigens auch ihr allzeit bereites Lächeln verloren und vergessen, den Lippenstift aufzutragen, der den ganzen Tag hält." (S. 176)

---

29 http://www.psychology48.com/deu/d/verlusterlebnisse/verlusterlebnisse.htm
30 Ebd.

3.7 Interpretationsansätze

Anouk: Tod des Kindes

Von ganz anderer Tragweite sind die Verluste von Nolwenn Pivet und Anouk Bertignac. **Anouk Bertignac** verliert ihr lang ersehntes Baby (S. 47) und kann diesen Schicksalsschlag nicht verwinden. Die bisher dem Leben zugewandte Frau zieht sich von ihrer Familie und der ganzen Welt zurück, wie Lou konstatiert:

> „Das Leben ging weiter wie zuvor, im selben Rhythmus, nach demselben Zeitplan, mit denselben Gewohnheiten. Meine Mutter war da, sie war bei uns und machte das Essen, sie füllte die Waschmaschine, sie hängte die Wäsche auf, doch es war, als wäre ein Teil von ihr fortgegangen, zu Thaïs, an einen Ort, den nur sie kannte." (S. 48)

Lou: Verlust der mütterlichen Zuwendung

In der Folge erkrankt Anouk Bertignac an einer schweren Depression (S. 49). Dies bedeutet für **Lou** den Verlust der Mutter, was sie sehr bedrückt:

> „Nie mehr berührt sie mich mit der Hand, nie mehr streicht sie mir übers Haar, streichelt sie mir die Wange, nie mehr umfasst sie meinen Hals oder meine Taille, nie mehr drückt sie mich an sich." (S. 54)

Bernard Bertignac verliert mit Thaïs nicht nur ein Kind, sondern auch seine Partnerin in der Ehe. Darauf reagiert er mit Trauer, so weint er „heimlich im Badezimmer" (S. 12).

No Pivet wird von ihrer Mutter gehasst und grausam behandelt. Diese Ablehnung durchzieht ihr gesamtes Leben und beginnt bereits in frühester Kindheit:

> „Sie hat No nie in die Arme genommen. Sie konnte sie nicht berühren." (S. 131)

3.7 Interpretationsansätze

> „Als No aus dem Kleinkindalter heraus war, weigerte sich ihre
> Mutter, bei Tisch neben ihr zu sitzen. Gegenüber wollte sie sie
> auch nicht haben. No musste weit weg sitzen, außerhalb ihres
> Blickfelds. Suzanne rief No nie bei ihrem Namen, sprach sie nie
> direkt an, sie zeigte aus der Entfernung auf sie und sagte *sie*."
> (S. 132)

Die **psychischen Misshandlungen** setzen sich fort (vgl. S. 146)
und führen schließlich zur erlernten Hilflosigkeit[31] und Selbstzer-
störung, die sich u. a. in Nos enormem **Alkohol- und Tablettenkon-
sum** manifestiert (S. 207).

Auch **Suzanne Pivet** hat einen Verlust erlitten. Durch die Grup-   Suzanne: Gewalt
penvergewaltigung der 15-Jährigen (S. 131) hat sie mit diesem Ge-
waltakt, der ihr sicherlich die Selbstachtung und das Vertrauen in
andere Menschen raubte, mit einem Mal alle bisherigen Zukunfts-
pläne verloren: Sie ging von der Schule ab, machte auch später
keinen Schulabschluss mehr und sah sich mit einem ungewollten
Kind, das ihr tagtäglich ihre „Schande" (S. 131) vor Augen führte, konfrontiert. Hinzu kamen noch die rigide Sexualmoral und die
Konventionen der Zeit, mit denen sie – die Vergewaltigung wurde ja
im Ort verschwiegen – fortan zu leben hatte. Suzanne wurde damit
ein Leben aufgezwungen, das sie für sich mit Sicherheit nicht so
geplant und gewollt hat:

> „Als ihr klar wurde, dass sie schwanger war, war es schon zu
> spät für eine Abtreibung. Ihre Eltern hatten nicht genug Geld
> für die Reise nach England, wo die gesetzliche Frist noch nicht
> überschritten gewesen wäre. No kam in der Normandie zur Welt.
> Suzanne verließ die Schule, als ihr Bauch sichtbar wurde. Sie ist

---

31 Vgl. dazu Kapitel 3.4, Personenkonstellationen und Charakteristiken, Nolwenn Pivet, S. 73 ff.

3.7 Interpretationsansätze

	Verlust	Folgen
Lou Bertignac	mütterliche Zuwendung	Trauer/Einsamkeit
No Pivet	mütterliche Liebe	Selbstzerstörung
Anouk Bertignac	Tod eines Kindes	Depression
Bernard Bertignac	Tod eines Kindes, Verlust der Partnerin in der Ehe	Trauer
Lucas Muller	elterliche Zuwendung	Zorn/Leistungsverweigerung
Suzanne Pivet	sexuelle Selbstbestimmung	Ablehnung/Grausamkeit gegenüber der Tochter (No)
Sylvie	Ehe (Scheidung)	Verschwinden der Selbstgewissheit

nie wieder hingegangen. Sie erstattete keine Anzeige, um die Schande nicht noch größer zu machen. Nach der Geburt fand sie Arbeit als Putzfrau in einem nahe gelegenen Supermarkt." (S. 131)

Verlust von elter-
licher Zuwendung

Lucas Muller erleidet den Verlust der elterlichen Zuwendung: Sein Vater verschwindet ins schöne Brasilien, seine Mutter zieht zu ihrem Liebhaber (vgl. S. 128). So findet er sich allein in einer großen 5-Zimmer-Wohnung wieder mit Post-it-Notes als Kommunikationsmittel seiner Mutter. Er reagiert mit Aggression: Er wirft in der Schule Tische um (vgl. S. 121) und verweigert die Leistung – so ist er bereits zweimal sitzen geblieben.

3.7   Interpretationsansätze

No & ich als Entwicklungsroman

In einem Interview äußerte sich Delphine de Vigan wie folgt:

> „*No & ich* ist ein Roman über die Entzauberung. Und wie wir da-durch erwachsen werden. Auch wenn das Buch nicht nur düster ist."[32]

Erwachsenwerden ist ein Entwicklungsprozess und entsprechend kann auch *No & ich* als Entwicklungsroman interpretiert werden. Dabei ist das Konzept des Entwicklungsromans eng verwandt mit dem des Bildungsromans.

Der deutsche Bildungsroman entwickelte sich im ausgehenden 18. Jahrhundert und thematisiert die „Bildungs- und Entwicklungsgeschichte eines Menschen (d. h. meist eines Mannes) in der Auseinandersetzung mit der Welt"[33]. **Klassische deutsche Bildungsromane** sind *Geschichte des Agathon* (1766–1794) von Christoph Martin Wieland, *Wilhelm Meisters Lehrjahre* Johann Wolfgang von Goethes (1795/96) und natürlich *Heinrich von Ofterdingen* (1880) des Frühromantikers Novalis.

Dt. Bildungs-roman

Der Entwicklungsroman ist im Gegensatz zur konkreten historischen Gattung des Bildungsromans die historisch nicht fixierte Kategorie. Ausgangspunkt der Entwicklung ist ein ausgeprägt **kritisch-subjektiver Blick der Hauptfigur auf die Welt** im Allgemeinen und die persönlichen Lebensumstände im Besonderen. Diese sind von Unzufriedenheit geprägt. Eine Schlüsselsituation führt schließlich zu einer individuellen Entwicklung, an deren Ende Einsicht steht und die Aussöhnung mit der Welt.

---

32 https://www.droemer-knaur.de/leselounge/2121780/
33 Meid, Volker: *Sachwörterbuch zur deutschen Literatur.* Stuttgart: Reclam, 1999, S. 72.

3.7   Interpretationsansätze

Lou Bertignac: kritischer Blick

Dieses Konzept kann ohne Probleme auf *No & ich* angewendet werden. Die Protagonistin Lou Bertignac schaut in der Tat kritisch-subjektiv auf die Welt. Sie fragt sich, wie eine technisch hoch entwickelte Gesellschaft bedürftige Menschen sich selbst überlassen kann (vgl. S. 178). Die persönlichen Lebensumstände Lous sind bedrückend. **Sie leidet sehr unter der emotionalen Apathie ihrer Mutter** und wünscht sich seit Jahren nichts sehnlicher, als endlich wieder von ihr in den Arm genommen zu werden:

> „Ich möchte, dass sie mich in die Arme nimmt, dass sie mir über die Stirn streicht, übers Haar, dass sie mich an sich drückt, bis mein Schluchzen nachlässt. Wie vorher. Ich möchte, dass sie sagt, nicht so schlimm, oder, jetzt bin ich ja da, ich möchte, dass sie meine nassen Augen küsst." (S. 233)

Entwicklung

So richtet sich die todtraurige Lou in einer für sie fehlerhaften Welt ein und entwickelt zum Teil merkwürdig-abstruse Theorien, um diese Welt für sich zu organisieren. Mit ihrer Zuwendung zur obdachlosen No wird **eine Entwicklung in Gang gesetzt**. No kann sie Dinge erzählen, die sie vielleicht gerne ihrer Mutter gesagt hätte – beispielsweise von ihrer Zuneigung zu Lucas. Gleichzeitig ist No für sie eine Art Projekt, mit dem sie sich mit *„den Dingen"* anlegt:

> „Seit No bei uns wohnt, muss ich mich um sie kümmern, ich meine, wenn sie nicht an ihrer Arbeitsstelle ist, auch das ist eine Art Experiment, auf sehr hohem Niveau, ein großangelegtes Experiment gegen das Schicksal." (S. 151)

3.7 Interpretationsansätze

Gleichzeitig imaginiert Lou Nos Abhängigkeit von ihr, wobei zu fragen ist, ob sie nicht eher abhängig von No ist (vgl. S. 194).[34] Zur Krise kommt es, als sich das Scheitern von Lous Experiment abzeichnet: No verlässt die Wohnung der Bertignacs und verfällt immer mehr ihren Süchten. Lou verlässt ihre Eltern ohne ein Wort und will mit der suchtkranken, labilen No nach Irland reisen. No verlässt sie jedoch ohne Abschied oder Erklärung am Bahnhof. Lou hat dieses Verhalten nicht erwartet und sie realisiert, dass etwas für sie Bedeutendes geschehen ist:

Krise

> „Mir war gerade etwas passiert. Etwas, dessen Sinn ich begrei-fen musste, dessen Tragweite ich erfahren musste, fürs ganze Leben." (S. 247)

Lou macht die Erfahrung, dass sie machtlos ist. Dies ist die **Schlüsselsituation** für sie, denn dieses Ereignis verändert sie. Sie fragt sich zwar immer noch, ob sie *die Dinge* hinnehmen muss:

> „Ich sehe durchs Fenster auf den hellen Himmel. Sind wir so klein, so unendlich klein, dass wir nichts ausrichten können?" (S. 249)

Dies klingt allerdings hier wie ein Resümee: **Lou wird zukünftig ein anderes, ihrem Alter angemessenes Leben führen**. Sie wird endlich auf die Geburtstagsparty von Léa Germain gehen (S. 249) und sie geht mit Lucas eine Beziehung ein (S. 251).

Hinwendung zur Welt

---

34 Vgl. auch Kapitel 3.4, Personenkonstellationen und Charakteristiken, Lou Bertignac, S. 69 ff.

4. REZEPTIONSGESCHICHTE

ZUSAMMEN-FASSUNG

→ Mit *No & moi* gelang Delphine de Vigan in Frankreich endgültig der Durchbruch als Schriftstellerin. Auch das deutsche Lesepublikum nahm den Roman in der Übersetzung sehr wohlwollend auf.

→ Der Roman wurde verfilmt und auch als Hörbuch aufgelegt. 2012 folgte eine deutsche Bühnenfassung.

Der Roman in der Kritik

No et moi war in Frankreich ein großer Erfolg, de Vigan wurde vom französischen Literaturbetrieb mit zwei wichtigen Preisen ausgezeichnet: dem *Prix des Libraires* und dem Prix Rotary International (vgl. auch 2.1 Biografie).

Ergreifend und eindringlich

Auch in Deutschland wurde der Roman nach der Publikation der deutschen Übersetzung sehr wohlwollend aufgenommen, wofür hier die nachfolgenden Rezensionen repräsentativ stehen. Die Rezensentin **Karolin Köcher** nennt den Roman „ergreifend"[35] und lobt die Eindringlichkeit der Darstellung:

> „Vigan hat die Sprache der Jugendlichen gut getroffen. Vor allem aber sind es die eindringlichen Schilderungen des Straßenlebens, die den Leser nicht loslassen."[36]

---

35   http://www.berlinerliteraturkritik.de/detailseite/artikel/no-und-ich-von-delphine-de-vigan.html
36   Ebd.

Birgit Koß von Deutschlandfunk Kultur rezensiert den Roman als „einfühlsam und anrührend[37]" und hebt die Erzähltechnik de Vigans hervor. Zugleich verweist sie auf biografische Details der Autorin, die in den Roman eingewoben sind und die Charaktere authentisch erscheinen lassen:

Intelligente Erzähltechnik

> „Mit dem Kunstgriff, die Geschichte von No aus der Perspektive einer anderen Jugendlichen zu zeigen, entgeht sie der Gefahr, eine Betroffenheitsgeschichte zu schreiben. In einer schlichten Sprache lässt Delphine de Vigan Lous Welt entstehen, in der sich die Sätze schon mal endlos auf einer Seite aneinanderreihen, um Lous nicht endenden Gedankenstrom für den Leser spürbar werden zu lassen. In einem Interview gesteht die Autorin ein, dass die beiden Mädchen ihre eigenen Seiten ein Stück weit widerspiegeln. So ist es Delphine de Vigan gelungen, sehr authentisch wirkende Figuren zu entwickeln. Sie beschreibt sie mit solcher Wärme, dass der Leser sie annehmen und für beide Sympathie entwickeln muss."[38]

Der Roman wurde inzwischen in zahlreiche Sprachen übersetzt. Eine literaturwissenschaftliche Auseinandersetzung des Romans fand bisher nicht statt. Aufgrund der jugendlichen Thematik wird *No & ich* auch als Schullektüre eingesetzt.

Übersetzt in zahlreiche Sprachen

Theater, Film und Hörbuch

No et moi wurde von der französischen Regisseurin und Schauspielerin Zabou Breitmann verfilmt und **kam 2010 in die Kinos**. No

---

37 https://www.deutschlandfunkkultur.de/begegnung-zweier-ungleicher-maedchen.950.de.html?dram:article_id=137198
38 Ebd.

wurde von der Schauspielerin Julie-Marie Parmentier verkörpert, Lou Bertignac von Nina Rodriguez. Zabou Breitmann selbst übernahm die Rolle der depressiven Anouk Bertignac. Der Film erhielt Preise auf dem Internationalen Filmfestival in Rom sowie den Pariser Filmpreis *Prix Lumières*. Ebenfalls 2010 wurde *No & ic*h bei *steinbach sprechende bücher als* **Hörbuch** produziert mit Jennipher Antoni als Sprecherin.

2012 wurde *No & ich* von Juliane Kann für die **Bühne** adaptiert[39] und u. a. 2013 an der Landesbühne Nord in Wilhelmshaven aufgeführt.

---

39   http://www.schaefersphilippen.de/werke/no-und-ich/

5. MATERIALIEN

Lebensbedingungen obdachloser Frauen

Anfang aller Obdachlosigkeit ist die Wohnungslosigkeit. Wohnungslos sind die Menschen, die keine eigene Wohnung haben und in Gemeinschaftsunterkünften oder Hostels untergebracht sind.

Gründe für Wohnungslosigkeit sind in der Regel der Verlust des Arbeitsplatzes mit sich anschließender Langzeitarbeitslosigkeit und Überschuldung, das Ausbleiben der Mietzahlung und die sich anschließende erfolgreiche Räumungsklage des Vermieters. Ein weiterer Grund sind kaum noch bezahlbare Wohnungen in den Städten in Kombination mit einer Regierung, die nicht daran interessiert ist, dem Treiben der Wohnungsspekulanten ein Ende zu setzen. Mit anderen Worten: Wohnungslosigkeit ist kein individuelles Versagen, sie kann grundsätzlich jeden treffen.

Wohnungslos – obdachlos

    Müssen die Menschen die Unterkünfte oder Hostels verlassen, sind sie obdachlos, sie stehen im wahrsten Sinne des Wortes auf der Straße. Sie kampieren dann häufig in den Grünanlagen der Städte – oft mit Zelten (vgl. S. 122) –, was sie im Winter in Lebensgefahr bringt. Notunterkünfte sind in der Regel überbesetzt oder werden von den Obdachlosen aus den verschiedensten Gründen nicht angenommen. Häufig sind die Gründe geschlechtsspezifisch. Repräsentativ dafür soll hier ein Erfahrungsbericht der Pariserin Anne Lorient vorgestellt werden. Wie die fiktive No war sie mit 18 Jahren obdachlos und lebte in der Folge 17 Jahre auf der Straße. Sie berichtet, „dass die Frauen lieber in einem Straßenversteck schlafen

Meiden staatlicher Schlafstellen

als in den staatlichen Nachtasylen, die Männer und Frauen meistens gemischt unterbringen."[40]

Ihr Erfahrungsbericht liefert den Grund für dieses geschlechtsspezifische Verhalten:

„‚Obdachlose sind einem gnadenlosen Überlebenskampf ausgesetzt', sagt Anne Lorient, als sie sich im Café nebenan einen Tee bestellt. Für obdachlose Frauen sei das Leben auf der Straße aber noch sehr viel härter.

Sie erzählt: ‚Für eine Frau ist das Leben auf der Straße völlig anders als für einen Mann. Das fängt schon mit Problemen an, die Männer nicht haben: Wenn Frauen ihre Regel haben, keine Tampons oder Binden und sich nicht waschen können. Oder Schwangerschaftsverhütung, Abtreibungen. Vor allem aber wird man als obdachlose Frau zur sexuellen Beute.'

Sexuelle Gewalt drohe den Frauen in erster Linie von Männern, die wie sie auf der Straße leben. Es gilt das Recht des Stärkeren, und die Frauen sind das schwächste Glied in der Kette, sagt Anne Lorient.

‚Man wird von den anderen Obdachlosen vergewaltigt. Sie kommen oft zu dritt oder zu viert. Du hast keine Chance, dich zu verteidigen. Und zeigst du sie hinterher bei der Polizei an, wirst du von ihnen zur Strafe gleich wieder vergewaltigt. Also hält man den Mund. Es ist ein Teufelskreis.' [...]

---

40 https://www.deutschlandfunk.de/obdachlose-frauen-in-frankreich-ein-gnadenloser.886.de.html?dram:article_id=416490

Anne Lorient, die mit gerade 18 Jahren auf der Straße gelandet ist, **Essen aus dem**
wurde gleich in der ersten Nacht vergewaltigt. Das war nur der Anfang, **Müll**
sagt sie. In siebzehn Jahren wurde sie über siebzig Mal vergewaltigt.
Ihr Ton ist nüchtern – fast gelassen, wenn sie von dem langen Alb-
traum erzählt, den sie auf der Straße erlebt hat: Gewalt, Einsamkeit,
die Angst, verrückt zu werden, aus Mülltonnen essen, Straßenprosti-
tution und brutale Zuhälter, die ihr das Geld gleich wieder abnehmen,
und dazu ständig Krankheiten. Frauen, die auf der Straße leben, sind
permanent im Alarmzustand. Eine Angst, die sie immer schwächer
macht und isoliert, sagt die Ex-Obdachlose. Da wieder herauszukom-
men, sei unglaublich schwer.

‚Ich habe gar nicht mehr versucht, von der Straße zu kommen, nur
mich dort zu schützen, mich besser zu fühlen – trotz der Gewalt, der
Kälte und so weiter‘, erzählt Anne Lorient. ‚Es waren zwei Welten
für mich, die nichts miteinander zu tun haben: die Welt der normalen
Leute und meine – die Welt der Ausgeschlossenen. Ich habe geglaubt,
dass das Leben auf der Straße mein Schicksal ist.‘"[41]

De Vigan verweist in *No & ich* sehr eindrücklich auf die von Anne
Lorient geschilderte Brutalität:

„*Wir treffen uns direkt im Café. Im Bahnhof wird es für No gefährlich,*
sie darf nicht mehrere Tage hintereinander am selben Ort bleiben. Das
gehört zu ihrem Leben. Sich niederlassen. Und wieder weggehen. Ge-
fahren meiden. Auf der Straße gibt es Regeln. Und Gefahren. Besser,
man fällt nicht auf. Senkt den Blick. Verschmilzt mit seiner Umge-
bung. Dringt nicht ins Nachbarterritorium ein. Weicht den Blicken
aus. Draußen nämlich ist sie Beute." (S. 62)

---

41 Ebd.

Auf zahlreichen Grünstreifen in Paris finden sich, wie in anderen Großstädten auch, Obdachlosen-Zelte.
© picture alliance / dpa

Auf sexuelle Übergriffe obdachloser Männer wird im Roman ebenfalls verwiesen (vgl. S. 110).

Die von Anne Lorient geschilderten Erfahrungen und Verhältnisse sind typisch für europäische Großstädte, so auch für Berlin. Robert Veltmann von der Caritas Berlin äußert sich wie folgt:

„Wir haben in Berlin in den letzten fünf Jahren eine Explosion der Wohnungslosenzahlen, das hat einerseits sicher etwas mit diesen Zuzug, also Migrationsgeschichten zu tun, das hat aber auch mit dem

DELPHINE DE VIGAN

Wohnungsmarkt zu tun, der völlig ausgebombt ist. Und ich glaube, dass jetzt so massiv viele Leute auf der Straße nächtigen, das liegt einfach daran, dass das vorhandene Hilfesystem davon völlig überfahren wurde."[42]

---

42 https://www.deutschlandfunk.de/obdachlosigkeit-leben-am-unteren-
    rand.724.de.html?dram:article_id=409005

6. PRÜFUNGSAUFGABEN MIT MUSTERLÖSUNGEN

Die Zahl der Sternchen bezeichnet das Anforderungsniveau der
jeweiligen Aufgabe.

Aufgabe 1:*

**Zeigen Sie, wie im Roman *No & Ich* Obdachlosigkeit darge-
stellt wird. Belegen Sie Ihre Ausführungen mit geeigneten
Textzitaten.**

Mögliche Lösung in knapper Form:

Schmutz

Die Darstellung von Obdachlosigkeit erschließt sich vor allem durch
die Protagonistin Nolwenn Pivet. Äußerlich fällt sie zunächst durch
ihre schäbige Kleidung auf:

*„Sie trug eine schmutzige Khaki-Hose, einen alten Blouson mit durch-
gescheuerten Ellbogen und einen Benetton-Schal, genauso einen wie
den, den meine Mutter zur Erinnerung an ihre Jugend ganz hinten im
Kleiderschrank aufbewahrt."* (S. 14)

Hinzu kommt noch die Beschreibung ihres desolaten körperlichen
Zustandes:

*„Und da sehe ich ihre schmutzigen Hände, die bis ins Fleisch abge-
kauten Nägel, die Kratzwunden an den Handgelenken."* (S. 24)

Außerdem fehlt No ein Zahn (vgl. S. 16–17).

Die Berichte über Nos Leben auf der Straße sind ebenfalls darstellerische Mittel im Roman. Durch de Vigans Realismus wirken sie sehr eindrücklich, so in jener Sequenz, in der Nos Lebensumstände beschrieben werden:

Leben auf der Straße

„Wochenlang hat sie Schlange gestanden, um zu essen, ihre Kleider zu waschen, mal hier, mal dort ein Bett zu ergattern. Wochenlang hat sie zum Schlafen die Schuhe unter dem Kopfkissen versteckt, ihre Taschen zwischen sich und eine Wand geklemmt und ihr Geld und ihren Ausweis in den Slip gesteckt, damit man sie nicht bestiehlt. Sie war auf der Hut, während sie schlief, in Bettwäsche aus Papier, zugedeckt mit dem, was gerade da war, manchmal auch nur mit ihrem Blouson. Wochenlang hat sie frühmorgens auf der Straße gestanden, ohne Plan, ohne Perspektive. Ganze Tage ist sie umhergeirrt in dieser Parallelwelt, die doch unsere Welt ist, immer auf der Suche nach einem Ort, von dem man sie nicht vertreiben würde, einem Ort zum Sitzen oder Schlafen." (S. 119)

Weiter werden die hygienischen Zustände in den Obdachlosenheimen thematisiert (vgl. S. 60), die schwierige Suche nach einem Schlafplatz (S. 59–60) und nicht zuletzt die Primitivität und Rohheit der Menschen in ihrer Ausnahmesituation:

Psychische Grenzsituation

„Gestern war sie bei der Suppenküche Saint-Eustache, zwei Frauen waren handgreiflich geworden, es ging um eine Zigarettenkippe, die auf der Erde lag, die Zigarette war erst halb aufgeraucht, sie schlugen sich unerbittlich, als man sie trennte, hatte die Jüngere ein dickes Haarbüschel in der Hand, die andere Blut im Mund. Zum ersten Mal bricht Nos Stimme, sie schweigt, die Bilder stehen ihr vor Augen, und sie tun ihr weh, das sehe ich, siehst du, das wird aus einem, sagt sie dann, ein Tier, ein verdammtes Tier." (S. 64)

Gefahr

In *No & ich* wird zudem die Gefährlichkeit des Lebens auf der Straße thematisiert:

„Auf der Straße gibt es Regeln. Und Gefahren. Besser, man fällt nicht auf. Senkt den Blick. Verschmilzt mit seiner Umgebung. Dringt nicht ins Nachbarterritorium ein. Weicht den Blicken aus. Draußen nämlich ist sie Beute." (S. 62)

Abgrenzung und gesundheitliche Probleme

Neben No gibt es weitere Repräsentanten der Obdachlosigkeit im Text: Roger, der den Politikern die Schuld an seiner Misere gibt (S. 56), Michel und den fast zahnlosen Momo, der später, als No ihm Geld geben will, vor ihr ausspucken wird (vgl. S. 201–202). Hier beschreibt de Vigan ein Bedürfnis nach Distinktion[43], mit dem sich Momo von No distanziert und sich so einen höheren Status zuschreibt. Dies findet sich interessanterweise auch bei No, die sich einem Bewohner der Banlieues sozial überlegen fühlt und ihn als *„Prolet aus der Banlieue"* (S. 63) bezeichnet. Des Weiteren kommt eine ältere Frau im Text vor, *„die unten in der Rue Oberkampf schläft, jede Nacht"* (S. 64). Sie hat gesundheitliche Probleme und ihre Obdachlosigkeit erschwert die nötige medizinische Versorgung:

[...] neulich hat sie sie bei den Petits Frères des Pauvres, *die sich besonders um hilfsbedürftige ältere Leute kümmern, herauskommen sehen, mit ganz geschwollenen Füßen, sie konnte nur mühsam laufen, sie krümmte sich und machte ganz kleine Schritte"* (S. 64).

Suchtverhalten

Schließlich ist da noch der Mann, in dessen Zelt Lou auf der Suche nach No eindringt. *„Er war ganz rot im Gesicht und roch nach Wein"*, heißt es (S. 87). Der Mann ist defensiv, er *„will keinen Ärger"*

---

43   Distinktion/Soziologie: Abgrenzung bestimmter Gruppen.

(S. 88). Die Leute, die er manchmal in seinem Zelt schlafen lässt,
vergisst er. In seinem Zelt stinkt es *„entsetzlich"* (S. 87). Auch No
ist alkoholabhängig.

Neben diesen mehr oder weniger ausführlichen Portraits setzt
de Vigan Milieuschilderungen ein. So gibt es eine kurze Beschreibung des Obdachlosenlagers vor der Polizei-Außenstelle am Gare
d'Austerlitz (vgl. S. 56), eine Beschreibung eines Obdachlosentreff-
punkts am Boulevard Richard-Lenoir (S. 79) und die Schilderung eines Lagers am Pariser Autobahnring, die einen außereuropäischen
Slum evozieren lässt:

Slum mitten in Paris

*„Es staute sich auf dem Ring, wir kamen nur im Schritttempo voran,
durchs Fenster sah ich die Lager der Obdachlosen auf den Böschungen und unter den Brücken, ich sah die Zelte, Bleche und Baracken,
das hatte ich noch nie gesehen, [...] da leben Leute, dachte ich, im
Motorenlärm, im Schmutz und in den Abgasen, mitten im Nirgendwo
leben Leute, Tag und Nacht, hier in Frankreich, Porte d'Orléans oder
Porte d'Italie, seit wann?"* (S. 178)

Aufgabe 2: **

**Wie wird im Roman von verschiedenen Personen auf das
Thema Obdachlosigkeit reagiert? Begründen Sie Ihre
Ausführungen mit geeigneten Zitaten.**

Mögliche Lösung in knapper Form:
Der Umgang mit dem Thema Obdachlosigkeit im Roman *No & ich*
changiert zwischen Abgeklärtheit bis hin zur Desillusionierung und
Gleichgültigkeit, aber auch Hilfsbereitschaft.

Abgeklärt ist die Zeitungsverkäuferin vom Gare d'Austerlitz, die
Lou, als sie nach No sucht, den wohlmeinenden Rat gibt, sich nicht

Abgeklärt

mit der Obdachlosen abzugeben, auch wenn sie sympathisch erscheint:

„Weißt du, Kleine, du solltest nicht mit solchen Mädchen herumhängen. Ich mag Nolwenn gern, aber sie lebt auf der Straße, sie lebt nicht in derselben Welt wie du, du hast doch sicher Hausaufgaben und noch einen Haufen anderes zu erledigen, du solltest lieber wieder nach Hause gehen." (S. 72–73)

Desillusioniert   Nos Freundin Geneviève äußert sich desillusioniert:

„,Kommt sie noch zu Ihnen?'
,Nein. Ich habe ihr gesagt, sie soll gehen und nicht mehr wiederkommen. Ich konnte sie nicht bei mir behalten. Sie aß meinen Kühlschrank leer, machte den ganzen Tag über nichts und suchte sich auch keinen Job.'" (S. 86)

Zahlen und Fakten   Kühl verhält sich auch Pierre Marin bei diesem Thema. Für den Lehrer der Wirtschafts- und Sozialkunde ist Obdachlosigkeit ein soziales Phänomen, das er gerne rein statistisch betrachtet (vgl. S. 31–32). Obdachlose selbst sieht er als nicht ungefährlich an und deshalb rät er Lou, sich bei ihren Recherchen von ihren Eltern begleiten zu lassen:

„Passen Sie bei diesem Interview auf sich auf. Dass Sie nicht an die Falschen geraten. Vielleicht sollte Ihre Mutter oder Ihr Vater mitgehen." (S. 12)

Das appellative Ende von Lous Referat (*„Aber ich glaube, man muss die Augen weit offen halten. Als ersten Schritt.";* S. 69) ignoriert Pierre Marin. Stattdessen diktiert er *„zum Schluss der Stunde noch*

einige Definitionen, die wir aufschreiben sollen: Sozialhilfe, medizi-
nische Grundversorgung, Eingliederungsmindesteinkommen (erst ab
fünfundzwanzig Jahren), Vierte Welt, Ausgr ..." (S. 70).

Anouk und Bernard Bertignac verhalten sich Obdachlosigkeit gegenüber ähnlich. Als sie auf der Rückfahrt von Bernard Bertignacs
Schwester den Pariser Autobahnring mit den zahlreichen Obdach-
losenbehausungen passieren, lassen sie die Eindrücke nicht an sich
heran, sie schauen *„starr geradeaus"* (S. 178). Als Anouk Bertignac
von ihrer Tochter gefragt wird, *„wie es komme, dass noch ganz junge*
Mädchen schon auf der Straße lebten" (S. 18), antwortet sie zwar
seufzend, aber doch mit einer gewissen Abgeklärtheit, dass das Leben ungerecht sei. Dass das Ehepaar No aufnehmen möchte, hat
weniger mit grundsätzlicher Hilfsbereitschaft zu tun als mit dem
Wunsch der Tochter Lou. Hinzu kommt vermutlich noch das Interesse an einem Menschen mit extremen Erfahrungen, wie sie sie
selbst gemacht haben. Bernard Bertignac hat Nos Aufnahme zuge-
stimmt, weil seine Frau es so wollte, weniger aus Altruismus. Zwar
sorgt er für eine Betreuung Nos, doch als diese sich nicht an Ver-
einbarungen hält und ihre Suchtkrankheit augenfällig zutage tritt,
entscheidet er rational und will sie nicht mehr bei sich und seiner
Familie leben lassen.

Eine weitere, im Roman dargestellte Reaktion auf Obdachlosigkeit ist die individuelle und die institutionelle Hilfsbereitschaft. Täti-
ges Mitleid erfährt Mouloud, der zehn Jahre lang in Lous Viertel
lebte, *„in einer Mauernische direkt neben der Bäckerei"* (S. 79):

„Die Leute gaben ihm Decken, Kleider und Nahrungsmittel. Er war
Stammgast im Café gegenüber, ansonsten trank er Wein aus Plastik-
flaschen. Weihnachten bekam er Geschenke." (S. 80)

**Persönliche
Unterstützung**

Materielle Hilfe

Als Mouloud einen Schwächeanfall erleidet, wird er nicht etwa sich selbst überlassen, sondern ins Krankenhaus gebracht. Nach seinem Tod wird sein Zelt in der Mauernische eine Art Wallfahrtsort für viele Menschen: Blumen werden niedergelegt, Kerzen aufgestellt und Briefe geschrieben, in einer Tageszeitung wird ein Artikel über Mouloud publiziert.

Mitleid

Lou Bertignac kann es kaum ertragen, No im Winter auf der Straße zu wissen:

„Als die Tür aufgeht, ist da dieser kalte Luftschwall von draußen, der mit einem Schlag den Flur erfüllt, mein Vater macht die Tür sofort wieder zu, voilá, er ist im Warmen, wir sind im Warmen, ich denke an No, irgendwo, ich weiß nicht wo, auf welchen Gehwegplatten, in welchem Luftzug." (S. 74)

Aus Mitleid und mit ihrem Wunsch, *die Dinge* zu verändern, spricht sie mit ihren Eltern über die Aufnahme der obdachlosen No in die Familie.

Auch Lucas Muller zeigt große Hilfsbereitschaft. Als No die Bertignacs verlässt und vor seiner Tür steht, zögert er nicht lange und nimmt sie auf. Allerdings wohl auch, weil er weiß, dass seiner Freundin Lou dieses „Projekt" sehr wichtig ist:

„Lucas war ganz allein, er sah gerade fern, als No klingelte. In einer Hand hielt sie ihren Koffer, in der anderen ein paar Tüten, ihr Blouson war offen, [...] er hat ihr die Sachen abgenommen und sie in die Wohnung gelassen. Sie stützte sich beim Gehen auf das Ablagetischchen, sie konnte sich kaum noch aufrecht halten, er brachte sie ins Schlafzimmer seiner Mutter, zog ihr Jeans und Schuhe aus, schlug die Bettdecke zurück und knipste das Licht aus." (S. 194)

Institutionelle Hilfsbereitschaft wird im Text repräsentiert durch staatliche oder kirchliche Hilfsprojekte wie die ambulante Notfallhilfe für Obdachlose (S. 55) oder die *Petits Frères des Pauvres*, die sich hilfsbedürftiger älterer Menschen annehmen (vgl. S. 64).

Institutionen

Aufgabe 3:***

Zeigen Sie, warum Lou Bertignac No helfen will und weshalb sie scheitert. Belegen Sie Ihre Ausführungen mit geeigneten Textzitaten.

Mögliche Lösung in knapper Form:

Lou Bertignacs Hilfe speist sich aus Freundschaft zu No und später auch aus Verpflichtung. Außerdem ist sie Ausdruck eines soziales Experiments, mit dem Lou herausfinden will, ob sie das, was sie „die Dinge" (S. 105) nennt, vielleicht ändern kann.

Lou ist 13 Jahre alt und hat sich in sozialen Situationen stets isoliert gefühlt (vgl. S. 17). Bei No ist das anders. Zum ersten Mal fühlt sie sich im Gespräch mit No innerhalb eines Geschehens:

„Aber gestern war ich dabei, bei ihr, ich bin sicher, man hätte einen Kreis um uns ziehen können, einen Kreis, aus dem ich nicht ausgeschlossen gewesen wäre, einen Kreis, der uns beide umfing und uns für einige Minuten vor der Welt schützte." (S. 17)

Für diese Erfahrung ist Lou No sehr dankbar. In den folgenden Gesprächen zwischen ihnen entwickelt sich eine gewisse Vertrautheit und Lou genießt es, mit jemandem reden zu können, der sie nicht merkwürdig zu finden scheint (S. 28). Nos Berichte von ihrem gnadenlosen Leben auf der Straße erschüttern wiederum Lou und bei ihrem, wie sie vermutet, letzten Treffen mit No ist sie sehr traurig:

Mitleid

„[...] hier bin ich, mit zerrissenem Herzen, sprachlos sitze ich vor ihr, ich habe keine Antwort, hier bin ich, wie gelähmt, dabei brauchte ich sie nur an der Hand zu nehmen und zu sagen, komm zu mir." (S. 67)

Verpflichtung

Tatsächlich lässt sie es nicht dabei bewenden und bringt ihre Eltern dazu, No aufzunehmen. Das tut sie auch, weil Lou in ihrem Alleinsein No braucht (vgl. S. 90). In der Folge wächst die Vertrautheit zwischen Lou und No und Lou nimmt sich vor, immer für No da zu sein (S. 117). Sie glaubt, No gezähmt zu haben wie der Prinz den Fuchs bei Saint-Exupéry[44], weshalb sie sich No gegenüber verpflichtet fühlt: *„Das Problem ist, dass sie einzig ist, weil ich sie gezähmt habe."* (S. 201) Außerdem ist No eine Art soziales Experiment für Lou:

„Seit No bei uns wohnt, muss ich mich um sie kümmern, ich meine, wenn sie nicht an ihrer Arbeitsstelle ist, auch das ist eine Art Experiment, auf sehr hohem Niveau, ein großangelegtes Experiment gegen das Schicksal." (S. 151)

Lou weiß, dass die Stellung des Menschen im Universum *„winzig klein"* ist (S. 94). Damit will sie sich allerdings nicht abfinden:

„Sind wir so klein, so unendlich klein, dass sich die Welt weiterdreht, die unendlich große, und sich einen Dreck darum schert, wo wir schlafen?" (S. 67)

Lou will das nicht glauben. Sie will nicht akzeptieren, dass es eine Gesellschaft gibt, die zwar technisch hochentwickelt ist, aber dazu imstande ist, *„die Leute auf der Straße sterben zu lassen"* (S. 81).

---

44   Siehe Kapitel 3.6, Stil und Sprache, Intertextualität, S. 107.

„[...] wenn wir beschlössen, dass die Dinge anders sein können, auch
wenn es sehr schwierig ist und immer schwieriger, als man denkt."
(S. 105)

Ihre Versuchsanordnung ist denkbar einfach: Lou ist die Versuchs-
leiterin, Lucas Muller und ihre Eltern sind ihre Assistenten, No ist
die Probandin. Beginn des Experiments ist die Aufnahme Nos durch
Lous Eltern, die Lou sehr zuversichtlich stimmt: „Also können die
Dinge anders sein, also kann das unendlich Kleine groß werden."
(S. 109) In der Folge muss Lou allerdings feststellen, dass die Dinge nicht anders sind.

Soziales Experiment

Warum scheitert Lou? Durch das Zusammensein mit No verbessert sich ihre eigene soziale Situation: Sie macht die Erfahrung
von Freundschaft und Sicherheit (S. 139). Dabei entgeht ihr, dass
sich Nos Situation letztlich nicht verbessert, weil sie, und das hat
Lou unterschätzt, keine *tabula rasa*[45] ist – obwohl sie ahnt, dass No
Schlimmes erlebt haben muss (S. 18). Außerdem kann Lou nicht
wissen, dass No durch ihre erlernte Hilflosigkeit auch nicht in der
Lage ist, sich selbst zu helfen.[46] Zudem ist ihr nicht klar, wie abhängig No auch schon von Alkohol und Medikamenten ist.

Warum scheitert Lou?

Diese Tatsachen konnte Lou in ihrem Experiment nicht berück-
sichtigen. Natürlich kann sie No nicht helfen, weil ihr die Dimen-
sionen dessen fehlen, was No widerfahren ist und was das mit ihr
gemacht hat. Nos und ihr eigenes Scheitern vor Augen ändert Lou
schließlich die Zielvorgabe des Experiments:

---

45 Hier: Terminus aus der Philosophie, der einen ursprünglichen Seelenzustand meint vor ihrer
    Überprägung durch Erfahrungen, Eindrücke und dergleichen.
46 Dazu siehe Kapitel 3.4, Personenkonstellationen und Charakteristiken, Nolwenn Pivet, S. 73 ff.

„Wir bringen sie ins Bett, wenn sie es selbst nicht mehr schafft, wir haben Angst um sie, wenn sie nicht nach Hause kommt. Das ist der Unterschied. Das ändert vielleicht nicht den Lauf der Dinge, *aber es macht den Unterschied."* (S. 210)

Lous Verpflichtung gilt nicht für No

Das ist natürlich ein Trugschluss. Eine weitere Fehleinschätzung ist die Annahme, No gezähmt zu haben. In einem letzten Aufbäumen beschließt Lou, mit No wegzugehen:

„Ich würde weggehen, weil es keine andere Lösung gab, weil ich No nicht allein lassen durfte, weil ich sie nicht im Stich lassen durfte." (S. 235)

Sie hat nicht damit gerechnet, dass No sie verlassen könnte. Als es dann geschieht, kann sie es nicht fassen:

„Ich wartete eine halbe Stunde. Und dann noch eine. Und dann bemerkte ich, dass der Koffer nicht mehr da war. Ich wartete weiter, weil es sonst nichts zu tun gab. Weil sie nicht ohne mich fortgegangen sein konnte." (S. 245)

Ihr Scheitern kleidet Lou in eine Frage: *„Sind wir so klein, so unendlich klein, dass wir nichts ausrichten können?"* (S. 249) Sie wird sie mit „ja" beantworten müssen.

LITERATUR

Zitierte Ausgabe:

Vigan de, Delphine: *No & ich*. München: Knaur Taschenbuch,
2010.

Biografisches:

https://www.droemer-knaur.de/autoren/
Delphine+de+Vigan.359991.html (abgerufen am 8.9.2018)
→ Biografisches über die Autorin.

Morasch, Nicole: *Verschränkte Loyalitäten*. In: *litlog*, 10.12.2018.
http://litlog.uni-goettingen.de/verschraenkte-loyalitaeten
(abgerufen am 27.3.2019).

Über *No & ich*:

Delphine de Vigan im Interview: 10 Fragen an Delphine de
Vigan über ihren Roman *No & ich*. Droemer Knaur.
https://www.droemer-knaur.de/magazin/Delphine+de+
Vigan+im+Interview.2121780.html (abgerufen am 15. 9.2018)
→ Informationen über die Entstehungsgeschichte des Romans.

Köcher, Karolin: *„No und ich" von Delphine de Vigan. Ein ergreifen-
der Roman aus dem Pariser Obdachlosen-Milieu*. In: *Die Berliner
Literaturkritik*, 18.2.2009. http://www.berlinerliteraturkritik.de/
detailseite/artikel/no-und-ich-von-delphine-de-vigan.html
(abgerufen am 15.9.2018) → positive Rezension.

Koß, Birgit: *Begegnung zweier ungleicher Mädchen*. Deutschlandfunk Kultur, 3.3.2009. https://www.deutschlandfunkkultur.de/
begegnung-zweier-ungleicher-maedchen.950.de.html?
dram:article_id=137198 (abgerufen am 15.09.2018) → positive
Rezension.

Literatur und Psychologie:

Meid, Volker: *Sachwörterbuch zur deutschen Literatur.* Stuttgart: Reclam, 1999, S. 72–73.

Psychology48.com. *Das Psychologie-Lexikon.* Verlusterlebnisse. http://www.psychology48.com/deu/d/verlusterlebnisse/ verlusterlebnisse.htm (abgerufen am 20.1.2019).

Saint-Exupéry, Antoine: *Der Kleine Prinz.* Düsseldorf: Karl Rauch Verlag, 1978, S. 48–53.

Tewes, Uwe, Wildgrube Klaus: *Psychologie-Lexikon.* München, Wien: Oldenbourg, 1999, S. 110.

Armut und Obdachlosigkeit:

Hillmann, Margit: *Ein gnadenloser Überlebenskampf.* In: *Deutschlandfunk*, 3.5.2018. https://www.deutschlandfunk.de/ obdachlose-frauen-in-frankreich-ein-gnadenloser.886.de.html? dram:article_id=416490 (abgerufen am 18.9.20108)
→ Erfahrungsbericht einer ehemals obdachlosen Französin.

Holzer, Birgit: *Teufelskreis der Armut. Obdachlose in Frankreich.* In: *Stuttgarter Nachrichten* vom 27. April 2014. https://www.stuttgarter-nachrichten.de/inhalt.obdachlose-in-frankreich-teufelskreis-der-armut.b34b64ee-d19b-43b5-84ec-7d58463f50f5.html (abgerufen am 9.9.2018) → sehr informativer Artikel über Armut und Obdachlosigkeit in Frankreich.

Nehls, Anja: *Leben am unteren Rand.* In: *Deutschlandfunk*, 23.1.2018. https://www.deutschlandfunk.de/obdachlosigkeit-leben-am-unteren-rand.724.de.html?dram:article_id= 409005 (abgerufen am 18.9.2018 → Obdachlosigkeit in Berlin.

Schenk, Britta-Marie: *Eine Geschichte der Obdachlosigkeit im 19. und 20. Jahrhundert.* In: *Bundeszentrale für politische Bildung*,

15.6.2018. http://www.bpb.de/apuz/270884/eine-geschichte-
der-obdachlosigkeit-im-19-und-20-jahrhundert?p=all.

Woller, Hans: *Französische Sozialpolitik zwischen An-
spruch und Wirklichkeit. Der EU-Gipfel und der Streit
über das europäische Sozialmodell.* In: *Deutschlandfunk*, 27.10.2005. https://www.deutschlandfunk.de/
franzoesische-sozialpolitik-zwischen-anspruch-
und.795.de.html?dram:article_id=115982 (abgerufen am
9.9.2018) → Bericht über die Folgen der Sozialpolitik Jacques
Chiracs.

STICHWORTVERZEICHNIS

KÖNIGS FITNESS

Königs Fitness – der Personal-Trainer für bessere Noten

In vier Lernschritten zum Ziel!

Texte analysieren und verfassen
8.–10. Klasse
ISBN 978-3-8044-1583-6

Themen aus dem Inhalt:

- Reportage
- Glosse
- Novelle
- Roman
- Kommentar
- Satire
- Kurzgeschichte

Aufsatz: Argumentieren und Erörtern
9.–10. Klasse
ISBN 978-3-8044-1571-3

Themen aus dem Inhalt:

- Erstellen einer Gliederung und Verfassen einer Erörterung
- Überarbeitung eines Klassenarbeitstextes
- Textgebundene und dialektische Erörterung

Analysieren und Interpretieren:
Lyrik 11.–12./13. Klasse
ISBN 978-3-8044-1538-6

Themen aus dem Inhalt:

- Gliederung der Interpretation
- Einleitung und Inhaltsangabe
- Analyse und Interpretation
- Schluss der Interpretation
- Reim - Metrum - Stilfiguren
- Dichter und Epoche
- Gedichtvergleich